# PHILON
## D'ALEXANDRIE

LES TEMPS ET LES DESTINS

JEAN DANIÉLOU

# PHILON
# D'ALEXANDRIE

WIPF & STOCK · Eugene, Oregon

Wipf and Stock Publishers
199 W 8th Ave, Suite 3
Eugene, OR 97401

Philon D'Alexandrie
By Danielou, Jean, SJ
Copyright©1958 by Gilbert de la Noue
ISBN 13: 978-1-60608-299-7
Publication date 7/2/2009
Previously published by Librarie Artheme Fayard, 1958

IMPRIMI POTEST
Paris, 12 octobre 1957
J. Villain, s. j.
Vic. Sup. Maj. Dom. Interprov.

IMPRIMATUR
Paris, 7 décembre 1957
† Jacques Le Cordier

# AVANT-PROPOS

La personnalité et l'œuvre de Philon d'Alexandrie ont suscité depuis quelques années, en Amérique et en Allemagne principalement, de nombreux travaux. Cet intérêt est dû à la fois à la séduction que ne cesse d'exercer cette curieuse et riche personnalité, qui unit la foi de l'Ancien Testament à la culture hellénistique. Il est dû aussi à ce que Philon est un témoin de l'état du judaïsme de l'époque où apparaît le christianisme — et que l'étude de ce milieu, en particulier à cause de la découverte des manuscrits de Qumrân, connaît actuellement un remarquable regain d'actualité.

Mais il est curieux de voir combien les divers auteurs qui ont traité de Philon récemment nous en donnent des images opposées. Le bilan de ces études a été fait récemment par H. Thyen [1]. Les divergences portent d'abord sur ce qu'a été l'homme lui-même. Völker fait de lui un mystique retiré du monde [2], Goodenough un fonctionnaire engagé dans la politique [3], Wolfson un prédicateur philosophe [4]. Les mêmes contradictions apparaissent quand il s'agit d'interpréter l'œuvre. Völker y voit une exégèse spirituelle de l'Écriture, sans grand souci spéculatif ; Wolfson au contraire la considère comme un système philosophique remarquablement cohérent ; Goodenough comme une

---

(1) Die Probleme des neueren Philo-Forschung, *Theol. Rundschau*, XXIII (1955), pp. 230-246.
(2) *Fortschritt und Vollendung bei Philo von Alexandrien*, Leipzig, 1938.
(3) *The politics of Philo Judaeus*, New Haven, 1938.
(4) *Philo*, 2 vol., Harvard, 1947.

*transposition du judaïsme dans un culte mystérique*[1] ; Jonas comme une des premières formes de la gnose[2].

L'hésitation apparaît surtout quand il s'agit de situer l'orientation foncière de Philon. Dans la période antérieure à 1938, Bréhier[3], Goodenough, Pascher[4], voyaient en lui le représentant d'une piété syncrétiste, de couleur seulement juive. Völker et Wolfson l'ont au contraire présenté comme un juif croyant, empruntant à l'hellénisme ses formes d'expression. C'était déjà la position de Heinemann[5]. Il semble qu'aujourd'hui Bultmann, Jonas, Thyen inclinent à nouveau vers une interprétation syncrétiste.

Ces incertitudes paraissent avoir leur source dans l'extrême subtilité de la personnalité du Juif alexandrin. C'est ce que nous essaierons de montrer d'abord. L'erreur de beaucoup de travaux paraît être d'avoir voulu envisager l'œuvre sans tenir compte de l'homme. Celui-ci a été, de par la haute situation de sa famille, en contact avec les milieux les plus divers et s'y est comporté avec une souveraine aisance. On le rencontre célébrant la Pâque avec les moines juifs du lac Mareotis, discutant philosophie au didaskaleion de Potamo, traitant avec le gouverneur Flaccus des intérêts de la communauté juive d'Alexandrie.

On comprend que tant de souplesse le rende difficile à saisir. Pourtant la signification d'ensemble de sa vie et de son œuvre ne saurait laisser de doute sur ses sentiments. Il a été passionnément dévoué à la communauté juive et à sa foi. Toute son œuvre est consacrée à expliquer la Bible aux Juifs et à la défendre devant les païens. Et les quelques événements que nous connaissons de sa vie le montrent au service de ses frères d'Alexandrie.

Seulement, ce judaïsme n'a rien de la raideur pharisienne ou

---

(1) *By Light Light, The mystic Gospel of hellenistic Judaïsm*, New Haven, 1935.
(2) *Gnosis und Spätantike Geist*, II, Göttingen 1954, pp. 70-121.
(3) *Les idées philosophiques et religieuses de Philon d'Alexandrie*, Paris, 1908.
(4) Ἡ Βασιλικὴ Ὁδός *Der Königsweg zu Wiedergeburt und Vergottung bei Philon von Alexandrien*, Paderborn, 1931.
(5) *Philons griechische und jüdische Bildung*, Breslau, 1932.

*du fanatisme zélote. Philon est imprégné de l'humanisme grec, avec tout ce que le mot exprime non seulement de culture, mais de savoir-vivre. Il est lui-même un des plus remarquables produits de la παιδεία de son temps. Son subtil allégorisme dégage la foi de ses pères de sa gangue sémitique pour la revêtir des formes les plus raffinées de la philosophie de son temps.*

*Cela peut comporter parfois chez cet esprit accueillant quelque complaisance pour des doctrines étrangères. L'entreprise qui était la sienne ne pouvait pas être sans quelque 'risque. Mais ce Juif de grand caractère et de grande culture n'a rien d'un syncrétiste. Il jouit avec mesure des biens du corps et plus encore de ceux de l'intelligence, qu'une civilisation raffinée met à sa disposition. Mais il les juge à leur valeur et le témoignage le plus incontesté de son œuvre est celui qu'il rend à la souveraine valeur des biens spirituels.*

# CHAPITRE PREMIER

## LA VIE DE PHILON

Philon le Juif est un contemporain du Christ. Mais il appartient à un monde tout différent, bien que non sans relation avec le sien. La vie du Christ s'est développée dans le cadre du judaïsme palestinien, parmi une population qui parlait araméen et qui était animée d'un esprit national intense. Philon au contraire est le représentant le plus éminent du judaïsme de la Diaspora et en particulier du judaïsme alexandrin, qui en est le foyer principal. Sa langue était le grec. Sa cité l'Empire romain. On imagine difficilement un plus grand contraste.

La présence des Juifs en Égypte ne constituait pas un fait récent à cette époque. Déjà, vers le xive siècle avant le Christ, des descendants d'Abraham y avaient séjourné. Mais, après l'Exode, rien ne semble y avoir subsisté de ce premier groupe. En fait, c'est après la chute de Jérusalem en 681 et durant les siècles suivants que commenca l'émigration juive en Égypte. On a retrouvé dans l'île d'Éléphantine les vestiges d'une de ces colonies, dont les membres écrivaient araméen. Mais c'est avec la fondation d'Alexandrie que commence à proprement parler le judaïsme égyptien de langue grecque. Alexandre, au dire de Josèphe, y attira des Juifs dès le début (*Ant. Jud.*, XIX, 5,2).

Cette colonie ne cessa d'augmenter dans les derniers siècles avant notre ère. Au dire de Philon, il y avait de son temps un million de Juifs en Égypte et cent mille à Alexandrie. Ils habitaient particulièrement le quartier du Delta, à l'est de la ville. Mais on en trouvait également dans les autres quartiers. Quand la domination romaine succéda aux Lagides, les Juifs reçurent un statut propre et l'autorisation de vivre selon leurs coutumes. Ils constituaient une cité à part. Ils témoignaient un grand loyalisme à l'égard de l'Empire romain. Et celui-ci trouvait en eux un appui, alors que les populations indigènes supportaient souvent mal la perte de leur indépendance politique. Cette situation n'était pas différente de celle des autres colonies juives de la Diaspora. Ce qui fait le caractère particulier du judaïsme alexandrin est que c'est là que se constitua la rencontre de la foi juive et de la culture grecque, dont Philon sera le représentant le plus éminent. Alexandrie est à cette époque le foyer de la culture grecque. Elle a remplacé Athènes. C'est là que les grammairiens éditent Homère, que Callimaque écrit ses poèmes, que la science grecque trouve en Euclide un de ses grands représentants.

Les Juifs d'Alexandrie adoptèrent cette culture. Mais, en même temps, ils restèrent fidèles à leur foi. La question se posa donc pour eux de donner à celle-ci une expression grecque. Cette tentative s'exprime éminemment dans la Bible des LXX, qui sera le fondement de la littérature judéo-chrétienne hellénistique. Nous y reviendrons. Mais la traduction de la Bible, si elle est la plus importante, n'est pas la seule manifestation de l'activité littéraire des Juifs alexandrins. Des écoles d'exégètes se créèrent, où on appliqua à la Bible les méthodes d'interprétation que stoïciens et pythagoriciens appliquaient à Homère. Nous aurons aussi à en reparler. C'est au judaïsme alexandrin qu'il faut rattacher la *Sagesse de Salomon*, qui fait partie du canon alexandrin de la Bible. Nous rencontrons des philosophes, comme Aristobule ; des auteurs dramatiques, comme Ezéchiel le tragique ; des poètes, comme les auteurs des *Oracles Sibyllins* juifs.

Philon réunira en lui les divers aspects de ce judaïsme alexandrin . sa culture hellénistique, son loyalisme romain, sa foi juive. Il appartenait à un milieu de grande bourgeoisie d'argent. Nous connaissons deux de ses frères. Le premier, peut-être son aîné, est un personnage important dont nous parle Josèphe. Il s'appelait Caïus Julius Alexander. Et les deux premiers noms sont caractéristiques de sa citoyenneté romaine. Il faut situer sa naissance vers 13 avant J.-C. [1]. Il était alabarque d'Alexandrie, c'est-à-dire chargé par le gouvernement romain de percevoir les taxes. Protégé d'Antonia, mère de Claude, il était lié d'amitié avec ce dernier (JOSÈPHE, *Ant.*, XIX, 5,1), dont il était à peu près contemporain.

Sa fortune était immense. Il avait fourni, nous dit Josèphe, l'argent et l'or qui couvraient les portes du nouveau Temple de Jérusalem, construit par Hérode le Grand, mais qui n'était pas achevé au moment de la Passion du Christ, puisque les apôtres parlent de sa construction en cours. Quand, en 35, Hérode Agrippa I$^{er}$, s'ennuyant à Tibériade près de son oncle Antipas, aura besoin d'argent, pour mener à Rome une vie fastueuse, il ira à Alexandrie trouver Alexandre et lui emprunter une somme importante. Ceci suppose des relations entre la famille des Hérodes et celle de Philon dont nous aurons à reparler.

Cet Alexandre l'Alabarque eut deux fils. L'aîné Tiberius Julius Alexander est également un personnage connu [2]. Il abandonna la religion juive, entra dans l'administration romaine en 40, fut épistratège de Syrie en 41, puis procurateur de Judée en 45. Préfet d'Égypte sous Néron, il réprima une insurrection juive à Alexandrie. Il contribua à l'avènement de Vespasien. Et il commandait en second l'armée romaine lors du siège de Jérusalem en 70. Philon le mentionne dans un de ses ouvrages, le *De animalibus*. Il est alors un jeune homme, cultivé, qui a déjà accompli une mission à Rome. L'épisode doit se situer juste avant son entrée dans l'administration vers 39. Il devait avoir environ 25 ans. Il est donc né vers 14 après J.-C.

L'Alabarque avait un second fils, Marcus Julius Alexander, né sans doute en 16 après J.-C. Il mourut prématurément

---

(1) Voir J. SCHWARTZ, Note sur la famille de Philon d'Alexandrie, *Mel. Isidore Lévy*, pp. 595-596.
(2) Voir E. GOODENOUGH. *The Politics of Philo Judaeus*, pp. 65-66.

en 44. A. Fuks l'a rapproché, à juste titre semble-t-il, d'un grand exportateur alexandrin du même nom[1]. Mais le trait le plus étonnant du personnage nous a été conservé par Josèphe. Il obtint la main de l'hérodienne Bérénice, fille d'Hérode Agrippa Ier, l'ami de son père, sans doute grâce à l'appui de l'empereur Claude. Nous constatons une fois de plus ici les liens de la famille de Philon et de celle des Hérodes. L'épisode, nous le dirons plus loin, se situe en 41, à Rome, à un moment où Philon s'y trouvait précisément.

Outre l'Alabarque, Philon avait un frère cadet, Lysimaque. Il en est question dans le *De animalibus*, qui est un dialogue entre les deux frères. Schwartz situe sa naissance vers 10 avant J.-C.[2]. On l'a souvent confondu avec l'Alabarque, par suite d'erreurs dans les manuscrits de Josèphe. Il faut sans doute l'identifier à un Julius Lysimachus qui faisait partie du conseil du préfet d'Alexandrie Cæcina Tuscus. Le dialogue de Philon nous apprend qu'il avait une fille qui fut fiancée à son cousin, Tiberius Julius Alexander.

Le point le plus intéressant est sans doute la liaison de la famille de Philon et de celle des Hérodes. La première représentait la grande banque internationale juive ; la seconde une aristocratie juive également cosmopolite. Le vieil Hérode, le fondateur de la dynastie, était le type des roitelets orientaux du temps, qui passaient une partie de leur vie à Rome et y dépensaient leur fabuleuse richesse. On pense à quelque Aga Khan. Il était lié à Agrippa, le gendre d'Auguste. Et c'est pourquoi le nom d'Agrippa sera donné à des membres de sa famille. Nous aurons surtout à parler ici de son petit fils, Hérode Agrippa Ier, et de la fille de celui-ci, l'illustre Bérénice.

Nous remarquerons seulement pour le moment que les liens étroits que nous constatons entre les Hérodes et la famille de Philon permettent peut-être d'affirmer qu'il y avait une parenté entre les deux familles. C'est ce que suppose

(1) Notes on the archive of Nicanor, *Journ. Jurist. Papyr.*, V (1951), p. 216.
(2) *Art. cit.*, pp. 596.

la tradition religieuse de son peuple que Philon en a trouvé la source. Cette source est évidemment d'abord la Bible elle-même, dont il est nourri. Mais a-t-il eu dans le judaïsme de son temps des maîtres spirituels qui l'ont guidé dans la voie de la contemplation ? Nous savons par Philon lui-même qu'il existait, de son temps en Égypte au bord du lac Maréotis, une communauté de moines juifs, les Thérapeutes. Le tableau qu'il nous donne de leur vie est remarquable. C'est un document précieux sur le judaïsme mystique dans l'Égypte de son temps :

« Leurs demeures sont très simples, ni trop éloignées ni trop rapprochées les unes des autres. Dans chacune il y a une chambre sacrée appelée sanctuaire ou monastère (μοναστήριον), où, dans la solitude, ils célèbrent les mystères de la vie parfaite. Ils vivent dans la pensée continuelle de Dieu. Ils ont l'habitude de prier deux fois par jour, le matin et le soir ; au lever du soleil, ils demandent que la lumière céleste remplisse leur esprit ; à son coucher, ils prient pour que leur âme, totalement dégagée de l'encombrement des sensations et des sensibles, et retirée dans son conseil intérieur, s'applique à la vérité. Leur journée est consacrée à l'ascèse. Dans l'étude des saints livres, ils interprètent la doctrine des Pères par l'allégorie, pensant que le sens littéral est le symbole de la réalité cachée que révèle l'explication. Ils possèdent des ouvrages des fondateurs de la secte, où se trouvent des modèles de cette exégèse allégorique (21-29). »

Très remarquable est le récit de leur célébration de la vigile pascale, qui est la veille (προέορτος) de la grande fête, c'est-à-dire des sept semaines de la Pentecôte (65). « Ils se réunissent vêtus de blanc au signal de celui qui est en charge ce jour-là. Ils commencent par prier, en dehors de la salle du banquet, les yeux et les mains tournés vers le ciel. Puis les plus anciens se mettent à table, en suivant l'ordre de leur entrée dans la congrégation. Les femmes participent aussi au repas. La plupart ont gardé la virginité par amour de la sagesse. Les hommes sont à droite, les femmes à gauche. Ils sont couchés sur des lits de paille couverts de papyrus. Ils font eux-mêmes le service. Le repas est frugal. Il est composé d'eau très pure, de pain et de sel » (73). C'est d'ailleurs leur nourriture ordinaire (34). Et ils ne la prennent qu'après le coucher du soleil, ayant jeûné toute la journée (34).

« Avant le repas, un grand silence se fait et celui qui y préside cherche quelque chose dans la Sainte Écriture et l'explique. Si quelqu'un ne comprend pas, il remue doucement la tête et lève le doigt. Ensuite, le président chante un psaume (ὕμνός) en l'honneur de Dieu, qu'il l'ait composé lui-même ou qu'il soit l'œuvre d'anciens poètes. Ils composent en effet des hymnes sur des mètres divers » (80. Voir 29). Chacun chante un hymne à son tour. On apporte alors les tables avec le pain azyme. Il n'est pas question d'agneau pascal, car ils ne touchent pas de viandes. Après cela a lieu la sainte vigile (παννυχίς). « Ils forment deux chœurs, l'un d'hommes, l'autre de femmes, qui chantent soit ensemble, soit en alternant (ἀντιφώνοι) et dansent jusqu'à l'aurore, ivres d'une sainte ivresse (88). »

Et Philon voit en cela « une imitation de ce qui eut lieu, il y a longtemps, au bord de la Mer Rouge, à cause des merveilles qui avaient été accomplies en ce lieu. En voyant ces merveilles, hommes et femmes, saisis d'enthousiasme, fournirent un seul chœur et chantèrent les hymnes d'action de grâce au Dieu sauveur. Moïse le prophète conduisant les hommes, et Marie la prophétesse les femmes » (85-86). Ce rapprochement éclaire peut-être ce que ces danses pascales ont de déconcertant pour nous. Nous savons, en effet, par la Mischnah et, déjà, par Jérémie (31, 3-5), que les jeunes juives, vêtues de blanc, dansaient dans les deux grands festivals de Pâques et des Tabernacles. Le récit de Philon nous présente une forme de ces danses pascales, sans doute inspiré, par ailleurs, des chœurs de la tragédie grecque.

**Tous ces détails manifestent de la part de Philon une connaissance personnelle des Thérapeutes. Mais une précieuse confidence le confirme** : « Souvent, ayant quitté (καταλιπών) parents, amis et patrie et étant allé dans la solitude (ἐρημία), afin de percevoir quelque chose de ce qui est digne de contemplation, je n'en ai pas profité, mais mon esprit déchiqueté et mordu par la passion émigrait vers ce qui est à l'opposé. Et inversement il m'est arrivé, au milieu d'une grande foule, de trouver la solitude de l'esprit, Dieu ayant dissipé la populace de mon âme et m'ayant enseigné que ce n'est pas la différence des lieux qui opère le bien et le mal, mais Dieu qui mène et guide le char de l'âme où il veut » (*Leg. All.*, II,85). Je laisse de côté le témoignage sur l'expérience spirituelle que contiennent ces lignes. Deux choses y apparaissent certaines. La première, c'est que Philon n'a pas vécu ordinairement loin des foules et donc que sa vie s'est écoulée au milieu d'elles à Alexandrie. La seconde, c'est qu'il se retirait parfois dans « la solitude ». Or, cette solitude, il la décrit avec les mêmes termes que celle des Thérapeutes : « Ayant laissé frères, enfants, sociétés amicales, patries, ils émigrent non vers une autre ville, mais dans la solitude (ἐρημία) » (*Cont.*, 18-20). Il nous parait donc très vraisemblable que Philon a fait des séjours chez les moines du lac Maréotis. Les détails précis qu'il nous donne sur eux le confirment.

Si ces séjours ont pu être prolongés au temps de sa jeunesse, Philon n'y est revenu, par la suite, que de temps en temps. C'est qu'il ne pouvait se soustraire aux tâches que sa place dans la communauté juive d'Alexandrie lui imposait. D'une part, toute son œuvre atteste que sa vie a été consacrée à commenter la Loi, les Livres de Moïse. L'habitude d'interpréter la Loi chaque sabbat s'est d'abord développée en Palestine même. L'Évangile nous en donne des exemples. Ce sont ces commentaires qui ont été l'origine des premières prédications chrétiennes. Cet usage était répandu à Alexandrie. Philon fait à plusieurs reprises allusion à ces homélies hebdomadaires [1].

Il est très vraisemblable d'abord, comme l'a remarqué Wolfson, que Philon a donné de telles instructions : « Ses

---

(1) *Op.*, 128 ; *Mos.*, II, 216, etc.

écrits ont la forme de sermons sur des versets choisis de l'Écriture [2] ». Le caractère oratoire de certains passages est évident. Plus tard, les écrits de saint Ambroise, inspirés de ceux de Philon, seront des *Homélies* rassemblées ensuite en traités suivis. C'est à ce genre littéraire que peut en particulier se rattacher l'ensemble des ouvrages constituant *L'Allégorie des Lois* [3]. Ils relèvent du genre haggadique, de l'homélie morale, où les personnages de l'Ancien Testament sont présentés comme des modèles de vertu. Nous avons des œuvres analogues en Palestine à la même époque dans les *Testaments des patriarches*. Le *Livre de la Sagesse* lui-même relève déjà en grande partie de ce genre et contient une longue Homélie sur la Pâque.

Philon apparaît ainsi comme un bon prédicateur, « le fondateur de l'art de prêcher, tel que nous le connaissons », a écrit Wolfson [4]. Mais son importance ne réside pas seulement dans la qualité de sa prédication, ni même dans son souci de l'adapter à un milieu formé par la culture classique. Elle réside dans le ton philosophique donné à cette prédication. Car Philon a d'abord voulu être un philosophe. L'originalité de sa pensée philosophique a souvent été méconnue. Wolfson l'a solidement établie. Cette originalité consiste dans une tentative pour réformer la philosophie grecque traditionnelle en la conformant aux exigences de la parole de Dieu. Et cela de façon à pouvoir montrer la supériorité de la « philosophie » biblique sur la philosophie païenne.

Constituer cette philosophie et l'enseigner était à ce moment une nécessité. Philon se trouvait, en effet, en présence d'une situation difficile dont son œuvre nous donne l'écho. D'une part, certains Juifs restaient enfermés dans une exégèse toute littérale, qui devenait inacceptable aux esprits cultivés Mais, par ailleurs, l'invasion de la philosophie grecque n'était pas sans danger. Elle risquait de faire évanouir l'originalité

(1) WOLFSON, I, p. 96.
(2) Voir H. THYEN, *Der Stil der jüdisch-hellenistischen Homilie*, 1957, pp. 7-11.
(3) *Loc. cit.*, I, p. 98.

du message biblique. Philon parle de ces sceptiques, qui identifient l'histoire d'Iphigénie et celle d'Isaac. Cela pouvait mener à l'apostasie. Philon en avait un exemple dans le cas de son neveu Tiberius. Il a voulu montrer qu'on pouvait adopter la façon de penser de l'hellénisme, tout en restant fidèle à la foi biblique.

C'est de cette prédication philosophique que l'*Allégorie des lois* nous donne l'écho. On peut en rapprocher les *Quæstiones* qui en constituent le dossier. La méthode reste celle du *midrash* juif : c'est un commentaire suivi de l'Écriture. Mais le contenu est philosophique. L'union de ces deux éléments a déconcerté. La forme fragmentaire donnée à la pensée par l'obligation de suivre un texte historique a empêché de voir sa qualité philosophique. Par ailleurs, les exégètes se refusent à un commentaire qui dépasse continuellement le texte lui-même. Mais cela constitue une création absolument originale, qui fait peut-être de Philon, selon le mot de Wolfson, le plus grand prédicateur philosophe de son temps.

Le cadre de cet enseignement comme sa forme restait celui de la réunion du sabbat à la synagogue. Philon lui-même, note Wolfson, fait allusion à la coutume des Juifs alexandrins de s'occuper chaque sabbat de la « philosophie des Pères » aussi bien que de « problèmes relatifs à la nature » dans des « didascalées » (διδασκαλεῖα) [1]. Ce dernier mot peut désigner la synagogue elle-même ou une salle de conférence attenante. Philon nous a décrit ces nombreuses synagogues, entourées de jardins, qui étaient répandues dans Alexandrie. Mais le mot de « didascalée » que reprendront Clément et Origène, est intéressant. Il nous montre la réunion de la synagogue comme assimilée aux conférences que donnaient les philosophes.

Ainsi nous apparaît Philon dans sa maturité. Il rassemble en lui les contrastes du judaïsme alexandrin. C'est un juif croyant, fidèle observateur de la Loi dont il défend la pratique contre les purs allégoristes. On ne trouve pas chez lui cette religion syncrétiste qu'on a voulu parfois lui prêter. Mais cette

(1) *Mos.*, II, 216. Voir WOLFSON, *loc. cit.*, p. 79.

Loi, il ne se contente pas d'en pratiquer la lettre. Il veut en dégager l'esprit et en nourrir sa vie intérieure. Il connaît d'ailleurs les spéculations que les Juifs de son temps faisaient sur la *Genèse*. Cette doctrine supérieure, cette gnose, est ce qu'il cherche. Et cela, afin d'en nourrir les frères de sa communauté. Il sait, d'ailleurs, doser son enseignement, selon leur degré d'avancement. En tout cela, il apparaît comme un éminent rabbin de son temps.

Mais c'est un rabbin libéral. Il est largement ouvert à la culture hellénistique. Il est aux antipodes du particularisme sectaire de certains milieux palestiniens. Il doit cela à sa tradition familiale. Il le doit aussi à son intelligence étonnamment ouverte. Il a assimilé toute la culture hellénistique et il y est passé maître. Il représente le meilleur de l'intellectualité alexandrine de son temps. Il peut discuter d'égal à égal avec les philosophes grecs. Et son ambition est précisément cela. Il veut montrer que les Juifs peuvent rivaliser avec les Grecs sur le terrain même de la culture, et conquérir ainsi pleinement leur droit de cité dans la civilisation hellénistique.

Mais s'il faut ouvrir les Juifs aux valeurs de l'hellénisme, il faut aussi présenter aux Grecs la valeur éminente de la foi juive. Aussi l'activité intellectuelle de Philon a un double versant. Une partie de son œuvre, celle que nous avons vue, s'adresse aux Juifs croyants. Elle a un caractère ésotérique. Elle s'exerce à l'intérieur de la communauté. Mais par ailleurs, l'œuvre de Philon a un versant apologétique. Il a le souci de présenter aux Grecs la foi juive de façon à la leur rendre acceptable. C'est ce qui s'exprime dans d'autres ouvrages, la *Vie de Moïse*, l'*Explication de la Loi*, l'*Apologie pour les Juifs*, dont Eusèbe nous a conservé un fragment.

Cet aspect de l'œuvre de Philon doit être mis en relation avec la situation des Juifs d'Alexandrie. D'une part, ceux-ci étaient l'objet d'une vive hostilité de la part d'une partie de la population païenne, égyptienne et grecque. Cette hostilité avait un caractère sociologique, mais aussi religieux. Nous aurons à revenir sur les manifestations concrètes de cet antisémitisme à Alexandrie, auxquelles Philon a été étroitement mêlé. Mais cette hostilité s'exprimait également par les pamphlets où la religion juive était présentée à la fois comme grossière et comme dangereuse : on ridiculisait l'histoire des patriarches, on se moquait de la pratique de la circoncision, on critiquait le refus d'adorer les dieux de la cité. Cet antisémitisme battait son plein au temps de Philon. On le trouve chez le prêtre Chérémon, stoïcien et mystagogue, qui sera confident de Néron. Il a surtout comme représentant le polygraphe Apion, que Philon rencontrera à Rome, et qui écrivit une brochure contre les Juifs, très répandue. Flavius Josèphe lui répondra plus tard dans son *Contre Apion*. Ces attaques étaient dangereuses. Elles risquaient d'attiser la haine des populations et de diminuer le crédit auprès des autorités. L'effort de Philon est de les saper à la base. D'une part, il montre la sainteté des patriarches et la dignité des usages : c'est l'objet précis de l'*Explication de la Loi*. Et, d'autre part, il exalte la grandeur du monothéisme juif, ce qui justifiait le refus d'adorer les dieux ou les empereurs.

Le judaïsme a donc créé à cette époque toute une apologétique contre les religions païennes [1]. Cette apologétique sera reprise en grande partie par les chrétiens à la génération suivante. Eux aussi seront l'objet des mêmes attaques. Celse ridiculisera l'histoire de Jésus, accusera les chrétiens de pratiques barbares, leur reprochera leur manque de loyalisme à l'égard du culte de la cité. Aristide, Justin, Athénagore, Théophile, Origène reprendront en bonne partie l'argumentation de Philon et des apologistes juifs. Déjà le discours de Paul à l'Aréopage rappelle l'apologétique juive. Les oracles sibyllins chrétiens reprendront les thèmes des oracles sibyllins juifs.

Mais ce serait restreindre le sens des écrits exotériques de Philon que de ne voir en eux qu'une apologétique négative. L'époque à laquelle il appartient est, sans doute, celle où le

(1) M. FRIEDLÄNDER, *Geschichte der judischen Apologetik als Vorgeschichte des Christentums*, p. 10 et suiv.; P. DALBERT, *Die Theologie der hellenistisch-jüdischen Missionsliteratur unter Auschluss von Philo und Josephus*, 1954.

prosélytisme juif a été le plus fort. La *Diaspora* apparaît comme le moyen providentiel par lequel Iahweh est annoncé à toutes les nations. Or, chez Philon cette attitude atteint sa suprême expression. Le judaïsme apparaît comme la religion du vrai Dieu, que tous les hommes doivent adopter et qui se dégage de ses attaches nationales. Ce cosmopolitisme est très accusé chez Philon. Il accepte l'Empire romain. Son ambition est précisément d'unir la religion d'Israël, la culture grecque, la cité romaine. C'était tenter au profit du judaïsme, ce que le christianisme réalisera quatre siècles plus tard.

Sur ce point, le judaïsme alexandrin de Philon est loin du judaïsme palestinien. Pour les Juifs de Palestine, nation et religion ne font qu'un. Les fils d'Abraham sont le peuple de Dieu. Ils supportent impatiemment le joug politique de Rome. Ce nationalisme, animé par les zélotes, ira en grandissant durant la vie de Philon. Il finira par emporter les Esséniens eux-mêmes. Et il aboutira à la catastrophe de 70. Philon ne devait avoir aucune sympathie pour ce particularisme. Et ce n'est pas un hasard si, lors du siège de 70, son neveu Tibère Alexandre se trouve aux côtés de Titus, comme chef d'État-Major.

Ainsi, l'œuvre apologétique de Philon atteste-t-elle un universalisme religieux et un sens missionnaire profonds. Mais ce serait méconnaître sa personnalité que de penser qu'il n'était pas pour autant préoccupé des intérêts de son peuple — et, en particulier, de la communauté à laquelle il appartenait. Sa grande autorité morale, en particulier auprès des milieux païens, ses relations de famille aussi, devaient lui rendre difficile de ne pas intervenir dans les problèmes politiques. Cela allait à l'encontre de son tempérament. Non pas qu'il ne s'intéressât aux questions politiques, mais il les envisageait sur le plan spéculatif, en tant qu'elles relèvent de la philosophie. Il redoutait d'être mêlé directement aux affaires et d'avoir à renoncer à son attrait pour la contemplation et l'étude. Il fallut faire appel au dévouement de ses coreligionnaires pour l'y décider.

Il s'est lui-même exprimé sur ce cas de conscience douloureux. Après avoir rappelé dans un passage que nous avons cité plus haut, comment dans sa jeunesse, il s'était retiré dans la solitude, il continue : « Mais le plus cruel des maux, l'envie qui déteste le bien, me guettait. Ayant fondu soudain sur moi, elle n'eut de cesse qu'elle ne m'eût fait tomber de force dans le vaste océan des soucis politiques, qui me prirent dans leur remous et me submergèrent. Je leur résistai cependant, en gémissant, gardant implanté dans mon âme, depuis mon jeune âge, le désir de la vie de l'esprit (paideia). Grâce à lui il arrive que j'émerge et qu'avec les yeux de l'âme, obscurément — car la poussière des affaires a émoussé leur pénétration — mais suffisamment cependant, je regarde autour de moi, aspirant à saisir une vie pure et sans mélange de maux » (*Spec. Leg.*, III, 3-4).

A quelle époque de sa vie Philon a-t-il commencé d'être initié aux questions politiques? Le texte que nous venons de citer paraît montrer que ce fut assez tôt. Il est incontestable que son œuvre témoigne d'une connaissance étendue en matière juridique. Cela rentrait d'ailleurs dans les attributions d'un rabbin. Les rabbins palestiniens unissaient à l'exégèse édifiante, la *haggada*, une casuistique juridique, la *halakha*. La question de savoir si Philon se rattache à ces « traditions » rabbiniques est discutée. Heinemann pense que ses allusions juridiques se rapportent au droit hellénistique. Mais ceci a été contesté. Et il paraît bien que Philon soit une source pour la connaissance de la casuistique juive du temps.

Ces connaissances en matière juridique donnaient à Philon une compétence qui devait le désigner pour des fonctions publiques. Nous n'avons pas de preuve qu'il ait exercé des magistratures dans la communauté juive. Mais Goodenough estime qu'il a dû être chargé de l'administration juridique des Juifs d'Alexandrie sous le contrôle impérial [1]. Cela peut nous paraître difficile à concilier avec son goût des spéculations allégoriques. Mais c'est peu connaître la mentalité rabbinique, chez qui les deux aspects s'accordaient très bien. David

(1) *An Introduction to Philo Judaeus*, p. 79.

Daube a montré comment spéculations et casuistique étaient unies chez les rabbins. Il faut faire la part aussi de la complexité de la personnalité de Philon. Sa nostalgie de la solitude n'empêche pas qu'il n'ait eu aussi le goût de la vie sociale. Et elle n'était peut-être pas pour lui une aussi pénible mortification qu'il a l'air de nous le dire. Si nous avons peu de détails sur les débuts de sa carrière politique, au moins sommes-nous abondamment renseignés sur sa principale manifestation, l'ambassade dont il fut chargé en 39 auprès de l'Empereur Caligula pour protester contre les exactions dont le légat Flaccus se rendait coupable à l'égard de la communauté juive d'Alexandrie. Cet épisode fait l'objet de deux ouvrages de Philon, la *Légation à Caïus* et le *Contre Flaccus*. Il est raconté, par ailleurs, par l'historien Josèphe. Il constitue la donnée la plus précise que nous possédions sur la vie de Philon, puisqu'il se situe en 39 ap. J.-C. D'autre part, il nous le montre en contact avec les milieux romains. Il convient donc d'y insister.

L'épisode se situe dans le cadre d'une question que nous n'avons pas encore abordée, celle des relations entre les Juifs d'Alexandrie et la population égyptienne indigène. A l'intérieur de celle-ci existait un fort courant d'antisémitisme. Il était renforcé par la faveur que les autorités romaines témoignaient aux juifs. Tel était, en particulier, le cas de la famille de Philon. Nous avons dit les relations de son frère Alexandre avec la cour de Rome, dont il était l'un des banquiers. Il était par ailleurs chargé de percevoir les taxes à Alexandrie. Et cela ne devait pas le rendre populaire auprès de la population égyptienne. Mais la faveur romaine mettait ordinairement la population juive à l'abri des sévices des Egyptiens.

Cette politique avait été celle de Flaccus Avilius, que l'Empereur Tibère avait nommé gouverneur d'Égypte vers 32. Philon lui-même rend témoignage de son bon gouvernement durant les premières années. Mais, en 37, un grave événement intervint qui mit sa fonction en péril, la mort de Tibère et son remplacement par Caïus Caligula. Flaccus faisait partie des familiers de Tibère. Avec Caligula, le fils de Germanicus, c'était un autre clan qui accédait au pouvoir. Il risquait une disgrâce. Or, à ce moment intervint un épisode qui ne dut pas le disposer favorablement envers les Juifs d'Alexandrie et en particulier envers la famille de Philon.

Cet épisode concerne Hérode Agrippa, dont nous avons vu les relations avec le frère de Philon, Alexandre. Hérode Agrippa était un compagnon de plaisir de Caligula et faisait partie de son clan. Cela lui avait valu la disgrâce de Tibère, qui l'avait fait emprisonner. L'accès au trône de Caligula marquait pour lui un retour de fortune. Caligula s'empressa de le libérer, le nomma préteur et lui donna l'ancien royaume de son oncle Philippe, l'Abilène, qui s'étend au nord de la Transjordanie, de Chalcis à Damas. Son oncle Hérode Antipas était alors tétrarque de Galilée. Il était également son beau-frère, puisqu'il avait épousé sa sœur Hérodiade.

Dix-huit mois après sa nomination, Hérode Agrippa se préoccupa de rejoindre son royaume. Il fit escale à Alexandrie et descendit chez le frère de Philon, son ami Alexandre. Philon affirme qu'il voyageait en toute simplicité. Mais ce serait étonnant de la part du personnage. Et il semble bien qu'avant de s'enfermer dans son lointain royaume, il n'ait pas résisté à la tentation d'éblouir de son faste ses amis alexandrins, qui l'avaient connu dans la détresse et lui avaient prêté de l'argent. « Les boucliers d'or et d'argent », dont ses ennemis l'accusèrent d'avoir muni ses gardes, ne sont sans doute pas légendaires.

Or, cela ne devait avoir rien d'agréable pour Flaccus. Alors qu'il était au bord de la disgrâce, l'étoile d'Agrippa montait. Pour peu que celui-ci le lui ait fait un peu sentir, on comprend qu'il ait été plein d'amertume. Il accueillit extérieurement Agrippa de la manière la plus affable. C'était de bonne politique. Mais il était tout disposé à prendre une revanche. Cette revanche lui fut offerte par la populace païenne d'Alexandrie. Celle-ci, nous l'avons dit, n'était guère favorable aux Juifs. Le luxe qu'étalait Agrippa, ses relations avec Alexandre, qui n'était pas populaire, eurent le don de l'irriter.

Alexandrie est le pays des mimes. C'est d'elle que nous viennent ceux d'Hérondas. Agrippa fournissait un sujet merveilleux aux revuistes du temps : « Le roi, nous dit Philon, devint tout le jour, dans le gymnase, l'objet de bouffonneries et de sarcasmes ; on se servit de compositeurs de pantomimes et d'autres faiseurs de farces qui lançaient contre lui des traits satiriques. » (*Adv. Flacc.*, 34). Ces manifestations atteignirent leur comble quand la foule, s'étant emparée d'un fou innocent, nommé Carabas, le conduisit au gymnase. Là, on lui mit un diadème de papier sur la tête, une natte sur le dos, un roseau à la main et la foule le saluait ironiquement du titre de roi. Cette scène de dérision rappelle étrangement celle dont le Christ fut l'objet dans le prétoire et aide à la comprendre.

Il n'y a pas lieu de supposer que l'épisode ait été provoqué par Flaccus, comme Philon le suggère. Mais il est sûr qu'il ne dut rien faire pour l'empêcher. On comprend combien Philon dut en ressentir l'outrage. Non seulement c'était un prince juif qui était ridiculisé ainsi par des païens, mais ce prince était l'hôte de son frère. Le ridicule risquait de se porter aussi sur lui. Et cela se sent au récit qu'il donne de la scène. On comprend aussi qu'il en ait voulu à Flaccus de n'avoir rien fait pour l'empêcher : « Pourquoi ne réprimande-t-il pas ces insolences envers un si haut personnage ? Celui qui le pouvant, n'empêche pas le mal, montre qu'il l'excite. »

L'incident en soi était de peu d'importance. Mais il se trouvait rapprocher Flaccus des éléments antisémites de la ville. Et cela était un fait nouveau. Or la situation de Flaccus était menacée. Il n'avait rien à attendre des Juifs solidaires de son adversaire Agrippa. L'appui de la population païenne de la ville pouvait le servir. Certains éléments païens, hostiles aux Juifs, trouvaient là aussi leur intérêt. Philon en nomme trois, Denis, sur lequel nous n'avons pas d'autres renseignements, Lampon, qui était chargé des affaires judiciaires et surtout Isidore, un intrigant, qui était à la tête de plusieurs sociétés secrètes. Ils promirent leur soutien à Flaccus, si celui-ci les soutenait dans leurs attaques contre les Juifs.

se faire accorder le droit de cité qui les eût mis à l'abri d'événements comme ceux qui venaient de se passer. Enfin ils désiraient témoigner à Caïus leur loyalisme civique.

Une délégation fut donc désignée, et Philon fut mis à sa tête. Cela est le témoignage le plus éclatant de l'autorité dont il jouissait dans la communauté juive d'Alexandrie et nous laisse supposer que sa conduite durant le pogrom avait renforcé encore son autorité. D'autre part, ses relations de famille, sa liaison avec Agrippa, sa haute culture, le désignaient pour entrer en contact avec la Cour romaine. La délégation s'embarqua pour l'Italie au début de 40. Elle devait y demeurer jusqu'au milieu de 41. Philon a donc fait à ce moment un séjour prolongé à Rome. Ce séjour a été rempli avant tout par la mission qu'il avait à accomplir. Mais il fut aussi l'occasion de contacts avec les milieux intellectuels de Rome, comme nous le verrons.

La mission s'avéra singulièrement difficile. En effet, l'attitude de Caligula envers les Juifs était en train de se retourner. La folie des grandeurs s'emparait de plus en plus de lui. Il exigeait des honneurs divins. Philon décrit longuement les étranges manifestations de cet état d'esprit. Ainsi se trouvait-il amené à une hostilité croissante contre les Juifs qui constituaient la principale résistance à ses prétentions.

Les païens d'Alexandrie surent profiter habilement de ces dispositions de l'Empereur. En même temps que les Juifs, ils avaient envoyé une délégation à Rome, pour défendre leur point de vue. Elle comprenait, en particulier, parmi ses membres deux ennemis forcenés des Juifs, Isidore, l'homme des sociétés secrètes, des « thiases », et Apion, qui avait publié un libelle contre les Juifs, auquel Flavius Josèphe, l'ami et l'historien d'Agrippa II, devait répondre. Ces messagers prirent contact avec les familiers de Caligula, en particulier avec l'Egyptien Hélicon, qui était chambellan de l'Empereur et l'accompagnait « à la paume, à la palestre, au bain, à table ». Il amusait l'Empereur par ses plaisanteries, dont les Juifs étaient ordinairement l'objet.

Aussi les ambassadeurs juifs trouvaient l'Empereur fâcheusement disposé à leur égard. Arrivés au printemps de 40, ils avaient dû d'abord attendre le retour de Caligula, qui était en Gaule. Celui-ci revint en septembre. Les délégués lui furent présentés au Champ de Mars. Il les salua favorablement et leur fit dire qu'il les recevrait. Mais l'audience se fit attendre. Et Philon, en homme d'expérience, voyant les autres délégations reçues les unes après les autres, sentit que c'était mauvais signe. Les Juifs en comprirent bientôt la raison. Un jour qu'ils étaient à Pouzzoles, accompagnant la cour de l'Empereur, espérant toujours leur audience, la nouvelle éclata de la décision de Caligula de se faire dresser une statue dans le Temple de Jérusalem. Dès lors, tout semblait perdu. Le droit de ne pas dresser de statues dans les proseuques n'était-il pas un des articles essentiels de leur pétition ?

Une seule chance restait aux ambassadeurs juifs : le crédit d'Agrippa. Celui-ci n'avait fait qu'augmenter dans les années précédentes. Sa nomination comme roi d'Abilène avait irrité son oncle Hérode Antipas qui n'était que tétrarque de Galilée et surtout sa sœur Hérodiade, la femme de celui-ci. Ils s'embarquèrent pour Rome en août 39. Mais Agrippa eut vent de l'affaire. Il dépêcha un de ses affranchis qui apporta une lettre à Caligula où il était rappelé qu'Hérode Antipas avait conspiré en 31 avec Séjan, qu'il préparait actuellement un soulèvement contre l'Empereur. Quand Antipas se présente, Caligula l'interrompt et le convainc de trahison. Il le destitue et l'envoie en exil avec Hérodiade à Lugdunum Convenarum, en Aquitaine [1], loin de son palais de Tibériade. Et il transfère à Agrippa la tétrarchie et la fortune d'Antipas.

Agrippa avait appris ces heureuses nouvelles en Abilène. Il vint en 40 remercier son bienfaiteur. Il se trouvait donc à Rome en même temps que les ambassadeurs d'Alexandrie. Philon et lui se retrouvèrent. Et il est certain qu'ils réflé-

(1) Aujourd'hui Saint-Bertrand-de-Comminges, dans la Haute-Garonne.

chirent ensemble à la conduite à tenir. Mais malheureusement, à ce moment, le crédit d'Agrippa fléchit. Lors de l'affaire de la statue de Jérusalem, Caligula lui demanda son avis. C'était le mettre dans un dilemme tragique. Mais Agrippa était un juif croyant. Il eut le courage de présenter à l'Empereur une défense du point de vue juif. Philon nous a transmis la longue lettre qu'il écrivit — et à laquelle il a, sans doute, collaboré. Caligula fut impressionné par cette franchise. Il ordonna provisoirement de surseoir à l'instauration de la statue. Mais la situation d'Agrippa restait délicate, ses dispositions n'étaient pas changées pour autant. Il ne pouvait être qu'un faible appui.

L'audience eut lieu enfin. Philon l'a décrite avec toute l'amertume qu'elle a dû lui causer dans sa dignité offensée. Elle eut pour théâtre, aux environs de Rome, les jardins de Mécène. Les ambassadeurs se prosternèrent devant l'Empereur. Celui-ci répondit en grinçant des dents : « N'êtes-vous pas ces gens, ennemis des dieux, qui me méprisez et préférez à mon culte celui de votre Dieu sans nom ? » Et il lança un blasphème. Isidore, qui était à la tête de la délégation égyptienne, prodiguant à l'Empereur des titres divins, se lança alors dans des accusations forcenées. Les Juifs s'écrient qu'ils ont offert des sacrifices pour l'Empereur à son avènement : « Vous avez fait des sacrifices pour moi, mais à un autre. Que m'importent vos sacrifices, s'ils ne s'adressent pas à moi », répond Caligula.

En même temps, l'Empereur continue de visiter la villa, suivi des malheureux Juifs, en proie aux plaisanteries des courtisans. Brusquement, après avoir donné des ordres aux architectes, l'Empereur se tourne vers Philon et ses collègues et leur demande : « Pourquoi ne mangez-vous pas de porc ? » Cette bonne plaisanterie suscite l'hilarité générale. A la fin, il leur demande d'expliquer leur organisation politique. Les Juifs commencent leur exposé. Mais l'Empereur ne les écoute pas et discute sur les lames de sel gemme à mettre dans les fenêtres. Il termine par un mot moins dur : « Ces imbéciles sont plus à plaindre qu'à blâmer. »

Philon ne parle pas du rôle personnel qu'il eut dans cette malheureuse audience. Mais Josèphe, qui nous en a donné une autre version, le souligne. Et le texte est important, car il est un témoignage rendu à Philon par un contemporain. Josèphe insiste d'abord sur les accusations portées par Apion, qui faisait partie de la délégation païenne. Philon donnait le rôle principal à Isidore. Mais ceci ne paraît pas indiquer qu'il y ait eu deux audiences. Josèphe était particulièrement intéressé par Apion, contre lequel il a écrit. Il était normal qu'il soulignât son rôle. Philon, au contraire, semble avoir eu plus d'hostilité pour Isidore.

Josèphe écrit donc : « Apion dit aussi beaucoup de choses désagréables, par lesquelles il espérait exciter Caïus, comme c'était probable. Philon, chef de la délégation juive, homme illustre en tout, frère de l'Alabarque Alexandre et très versé dans la philosophie, était en mesure de réfuter ces accusations. Caïus le lui interdit et lui ordonna de s'éloigner de sa présence ; il était visiblement très irrité et prêt à prendre des mesures terribles contre les Juifs. Philon s'en alla et dit aux Juifs qu'il fallait avoir bon courage, car, si Caïus s'emportait contre eux en paroles, il s'était déjà attiré l'inimitié de Dieu » (*Ant. Jud.*, XVIII, 8, 1). Reste que l'ambassade aboutissait à un échec. Philon était accablé, d'autant, comme on l'entrevoit à son récit, qu'il pouvait se demander s'il n'avait pas été maladroit. De toutes manières, il risquait qu'on ne fît porter sur lui le poids de l'échec (*Leg.*, 46, 369). Leurs derniers amis s'écartaient des Juifs, en voyant leur disgrâce. Celle-ci allait s'accentuer encore. Caligula en effet faisait arrêter et emprisonner le frère de Philon, Alexandre l'Alabarque, qui faisait partie avec lui de la délégation. Alexandre était l'intime ami d'Agrippa. Celui-ci pouvait tout craindre.

C'est alors que survint un coup de théâtre. Le 24 janvier 41, Caligula était assassiné par le tribun Chaereas. Le moment était dangereux. Le Sénat, convoqué par les consuls, proclame le rétablissement de la République. L'armée salue l'empereur Claude, oncle de Caligula. Dans ces circonstances Agrippa allait jouer un rôle décisif. C'est lui qui découvre le cadavre de l'Empereur. Il le place sur un lit et déclare, pour gagner du temps, qu'il respire encore. Puis il va trouver Claude et lui offre ses services. Il se rend au Sénat, déclare ses sympathies républicaines, mais demande qu'on obtienne l'adhésion de Claude. Sentant le Sénat hésitant, il retourne près de Claude et décide celui-ci à se déclarer empereur.

Agrippa, est, à ce moment, le premier personnage de l'Empire. Son crédit est à son comble. Un décret est proposé au Sénat qui rétablit en sa faveur le royaume de son grand-père Hérode le Grand, c'est-à-dire qui ajoute la Samarie et la Judée à ce qu'il possédait déjà. Bientôt, il entra en triomphateur à Jérusalem, devenue sa capitale. C'est là qu'il rencontrera un nouveau problème, celui du christianisme naissant. Son grand-père avait fait massacrer les Saints Innocents. Son oncle Antipas avait fait décapiter Jean-Baptiste et tourné Jésus en dérision. En 44, il allait faire arrêter Pierre et décapiter Jacques. Le récit de sa mort, survenu peu après à Césarée, nous est rapporté par les *Actes des Apôtres*.

Mais, en janvier 41, il est au faîte de sa gloire. Et ce crédit qui est le sien rejaillit sur ses amis. Alexandre est libéré. N'était-il pas d'ailleurs l'intendant des biens d'Antonia, la mère du nouvel empereur ? Il partage le triomphe d'Agrippa. Les liens entre les deux familles sont alors resserrés par un mariage qui constitue un singulier recoupement historique. Agrippa, en effet, donne en mariage sa fille Bérénice à Marc, le fils aîné d'Alexandre (*Ant. Jud.*, XIX, 5). Bérénice avait alors treize ans. C'est avec ce mariage qu'elle entre dans l'histoire. Il devait d'ailleurs peu durer. Marc étant mort, elle épousera son oncle, Hérode de Chalcis. Ce mariage aussi devait être court. A vingt ans, Bérénice, veuve, devait partager son royaume avec son frère Hérode Agrippa II. Les *Actes des Apôtres* nous la montreront présidant avec celui-ci un tribunal qui juge saint Paul (*Actes*, XXV-XXVI). Puis elle devait rencontrer Titus [1].

(1) Voir E. MIREAUX, *La reine Bérénice*, Paris, 1951.

Ainsi Bérénice se trouve avoir côtoyé des mondes que nous sommes peu habitués à rapprocher, les missions de Paul, l'Empire des Césars, le judaïsme alexandrin. Il est singulier pour nous de penser que Philon, durant ce début de 41, a vu fréquemment la jeune princesse juive, qui allait devenir sa nièce. Sa situation se trouve alors complètement renversée. Hier objet des sarcasmes de la cour de Caïus, il devenait du jour au lendemain un important personnage. Il dut fréquenter la plus haute société romaine. Il faisait partie de l'entourage immédiat de l'Empereur. Et nous savons assez que le pieux rabbin était un humaniste et un homme du monde pour deviner qu'il se trouva parfaitement à l'aise dans cette nouvelle situation.

Il est possible que nous ayons, venant du monde païen, un témoignage de sa présence à Rome à cette date. On connaît le célèbre Traité *Du Sublime*, si exalté par les écrivains français du xviie siècle. Ce traité est attribué au rhéteur Longin, qui est du iiie siècle. Mais il a été démontré qu'il est antérieur. Des études précises, en particulier celles du grand philologue Eduard Norden, ont permis de montrer qu'il avait été écrit au ier siècle. Et même certains indices, l'éloge du régime républicain entre autres, peuvent permettre de le dater avec précision de l'année 41 [1].

Or, ce traité est le premier, venant d'un auteur païen, où il soit fait allusion à la Bible. On y trouve, en effet, une citation de la *Genèse* (IX, 9). La question se pose de savoir par qui l'auteur a connu le Livre des Hébreux. Or, à la fin de l'ouvrage, le Pseudo-Longin rapporte qu'un philosophe l'interrogeait récemment, en lui demandant comment il se faisait qu'en une époque si riche de talents il y ait si peu de « natures géniales ». N'est-ce pas que le génie a besoin d'un climat de liberté et que la tyrannie entrave son libre épanouissement? Or, Norden a montré que ces idées reproduisaient littéralement celles de Philon (*Ebr.* 198).

Le Traité *Du Sublime* paraît bien en rapport avec la situa-

---

(1) *Genesiszitat in der Schrift von Edelheit*, Berlin, 1955.

tion du début de 41 : c'est l'époque des discussions autour du retour de la République, après les excès de la tyrannie de Caïus. Ces questions ont été discutées dans les milieux intellectuels de Rome. Philon était une des personnalités en vue de ces milieux. Il est vraisemblable que c'est avec lui que l'auteur du Traité en a discuté ; et il nous rapporte son enseignement. C'est donc avec les sphères les plus hautes de la politique et de la pensée que Philon est alors en relation. Peut-être, au milieu de cette vie mondaine, avait-il la nostalgie du désert du lac Maréotis et de ses moines. Du moins, touchons-nous ici le sommet de sa carrière.

Il est clair que dans ces conditions l'ambassade devait obtenir pleine satisfaction. D'ailleurs, à Alexandrie même, la situation s'était retournée. Dès qu'ils avaient appris la mort de Caïus, les Juifs avaient couru aux armes — ce qui prouve bien, malgré les protestations de Philon, qu'ils en possédaient quelques-unes — et ils s'étaient mis à leur tour à massacrer les Egyptiens et les Grecs. Claude intervint par une série de décrets où il assurait aux Juifs la reconnaissance de leurs droits, tout en invitant les deux partis à vivre désormais en paix. Il est certain qu'Agrippa et Philon ont inspiré ces textes. Ils représentent en effet ce qui était l'objet même de leur mission.

Le premier est un édit, qui peut remonter au milieu de 41, et que nous a conservé Josèphe (*Ant.*, XIX, 5, 2). L'Empereur rappelle que la cohabitation des Juifs et des Alexandrins est un fait ancien, que les uns et les autres ont eu leurs droits civiques reconnus par les Empereurs, que ceux-ci ont reconnu le droit des Juifs d'observer leurs coutumes. Il fait allusion au soulèvement des Alexandrins contre les Juifs sous Caligula et condamne la prétention de celui-ci de se faire adorer d'eux comme un dieu. Il demande que les Juifs soient restitués dans leurs droits traditionnels et que les deux partis restent en paix.

Ce premier texte est de 41. Ultérieurement, Claude reçut des délégations, à la fois juives et païennes, venant d'Alexandrie pour le féliciter. Il dut entendre les plaintes des uns et des autres. Un second texte, de 42, est la *Lettre aux Alexandrins*, découverte en 1921 et publiée par Idriss Bell [1]. Elle fait allusion à l'ambassade égyptienne dont les onze membres sont nommés. Une première partie autorise l'érection de statues et de quadriges en l'honneur de l'Empereur à Alexandrie. Mais l'Empereur demande qu'on ne lui élève pas de temple et qu'il n'y ait pas de grands-prêtres affectés à son culte. Cela est une réaction contre Caligula.

Une seconde partie fait allusion au pogrom de 38. L'Empereur a entendu les explications des ambassadeurs et celles de la partie adverse. Cela montre que les Juifs avaient envoyé aussi une délégation. Il exhorte les Alexandrins à vivre en paix avec les Juifs et les menace de sanctions, s'ils recommencent à les persécuter. Il affirme, en particulier, leur droit de pratiquer leur culte. Par ailleurs, faisant explicitement allusion à la contre-attaque de 41, il demande aux Juifs de s'en tenir aux droits qui leur ont été reconnus, de ne plus envoyer d'ambassades à côté de l'ambassade officielle et de vivre en paix avec les autres.

Claude montra, par la suite, qu'il était décidé à faire passer dans les faits ces décisions. Quelques années plus tard, en effet, les Alexandrins tentèrent de nouvelles activités contre les Juifs. Les meneurs, une fois encore, étaient Lampon et Isidore. Ils furent convoqués à Rome et jugés en présence de Claude. Ils essayèrent de faire porter les torts à Agrippa II, le fils d'Hérode Agrippa et le frère de Bérénice. Nous avons retrouvé les papyrus qui contiennent les *Actes* de ce procès. Ils ont été édités par le P. Musurillo [2]. Le procès se termine par une sentence de mort contre les deux Égyptiens. Ces adversaires acharnés de Philon et des Juifs d'Alexandrie voyaient ainsi s'achever tragiquement leur carrière. Déjà, Flaccus avait péri. Philon pouvait penser que le Dieu des Juifs vengeait ses serviteurs persécutés.

Après son ambassade, finalement heureuse, Philon rentra

(1) *Jews and christians in Egypt*, pp. 23-26.
(2) *The acts of pagan martyrs*, New York, 1953.

à Alexandrie à la fin de 41. On peut supposer l'accueil qu'il y reçut. Il avait été le sauveur de la communauté juive. Il lui restait à achever cette œuvre en en tirant la leçon. C'est alors qu'il écrivit le *Contre Flaccus*, dédié vraisemblablement au nouveau gouverneur romain d'Alexandrie, et la *Légation*, adressée à Claude. Ainsi au siècle suivant les *Apologistes* chrétiens adresseront-ils leurs ouvrages de défense aux Empereurs. Il avait alors plus de soixante ans. Nous ne savons rien des dernières années de sa vie et de la date de sa mort.

# CHAPITRE II

# PHILON ET SON TEMPS

La vie de Philon nous a montré qu'il était au confluent du judaïsme, de l'hellénisme et de la romanité. La question se pose alors à nous de savoir ce qu'il a connu dans ces trois domaines. Le monde auquel il appartient est en effet d'une grande complexité. Nous commençons à voir combien de tendances se heurtaient dans le monde juif, palestinien ou hellénistique : ce judaïsme tardif est à la fois celui des messianistes zélotes et celui des cosmopolites hérodiens, celui du légalisme pharisien et du piétisme essénien ; on y voit fleurir l'apocalyptique, en même temps que l'interprétation gnostique de la Genèse. De même des tendances multiples se font jour dans la philosophie grecque. C'est l'époque de l'éclectisme, dont Cicéron témoigne un demi-siècle auparavant : stoïcisme, platonisme, aristotélisme s'unissent en des proportions diverses. Enfin, sur le plan politique, l'époque est celle de l'élaboration de l'idéologie impériale et des révoltes du sentiment républicain.

Ce serait une entreprise impossible que de vouloir tracer un tableau de ce monde si complexe. Aussi bien serait-elle dénuée de sens. Car ce qui nous importe, c'est ce à quoi, en fait, Philon a attaché de l'importance. Faute de l'avoir fait, on a cru voir dans son œuvre des influences qui lui sont en fait étrangères. Ainsi, comme Wolfson l'a bien montré, les courants religieux du paganisme l'ont peu atteint. Sa foi juive l'y rendait imperméable. Et il n'en parle que pour les critiquer. Pour savoir ce qu'il a connu, le mieux est de l'interroger lui-même. Nous nous demanderons donc de quelles tendances de son temps il a parlé. Il se trouve précisément qu'il y a dans son œuvre un groupe d'ouvrages qui exposent moins ses idées qu'ils ne nous décrivent celles de son temps. Ce sont ces ouvrages qui nous serviront ici de sources. Nous y verrons ce qu'il nous dit du piétisme juif, de la philosophie grecque et de la politique romaine.

I

PHILON ET LES ESSÉNIENS

Que le fond de la pensée de Philon soit biblique, c'est là un fait qui paraît incontestable. La presque totalité de son œuvre est un commentaire de l'Écriture. Le texte qu'il utilise est la traduction grecque des LXX, faite à Alexandrie même dans les siècles précédents. Ces sources bibliques de la pensée de Philon ne sont pas ce qui nous intéresse ici. Nous y consacrerons une longue étude, ainsi qu'aux méthodes exégétiques qu'il rencontrait à Alexandrie. Notre propos est différent. Ce que nous voulons savoir est ce que Philon a connu du judaïsme de son temps. Et cette question nous la lui posons à lui-même. En effet, Philon a parlé du judaïsme. Il a écrit une *Apologie pour des Juifs*, dont Eusèbe nous a conservé des fragments importants. Il a présenté dans le livre *Que tout sage est libre* son idéal du judaïsme en face des sages de la Perse, de l'Inde et de la Grèce. Il avait consacré deux opuscules à la vie active et à la vie contemplative. Or, dans tous ces ouvrages, nous sommes en présence d'un fait massif : quand Philon veut nous présenter le judaïsme idéal, c'est des Esséniens qu'il nous parle.

On peut d'ailleurs montrer la contrepartie : l'œuvre de Philon est très pauvre concernant les autres tendances du judaïsme de son temps. Nous ne rencontrons pas d'écho de la théologie de l'histoire que développait l'apocalyptique, aussi bien en Palestine avec des ouvrages dont il est contemporain comme l'*Assomption de Moïse*, qu'à Alexandrie même avec le Livre III des *Oracles Sibyllins* qui lui est de peu antérieur. On rencontre très peu de traces d'autre part — et ceci est remarquable — de ces traditions auxquelles s'attachaient les Pharisiens et qui devaient aboutir à la *Mischna* et aux *Midrashim*. Heinemann a montré que ses conceptions juridiques venaient du milieu gréco-romain plus que de la *halakha* des scribes ; et on trouve peu chez lui de ces amplifications édifiantes de l'histoire sainte, qui constituent la *haggada* et qui remplissent le judaïsme d'alors du *Livre des Jubilés* au *Livre des antiquités* du Pseudo-Philon.

Ainsi, pour lui, les Esséniens représentent-ils l'idéal du judaïsme de son époque. On peut dire ainsi que son judaïsme a trois composantes : la Bible grecque et son exégèse alexandrine, le milieu social des Hérodiens, le piétisme des Esséniens. Ces trois éléments d'ailleurs composent ensemble plus qu'il n'y paraîtrait. En effet, comme nous l'avons déjà remarqué, le milieu hérodien avait des contacts géographiques avec les Esséniens de Qumrân et par ailleurs semblait s'accommoder davantage de ces pieux moines que des politiques sadducéens ou des agitateurs zélotes. Philon lui-même note à la fin de ses deux notices sur les Esséniens, qu'ils étaient protégés par les princes, même les plus despotiques. Cela est une évidente allusion aux Hérodes.

Nous avons parlé dans notre premier chapitre des contacts avec les Hérodes ; nous parlerons dans le prochain de la place de Philon dans l'exégèse alexandrine : ce qui nous intéresse, ici, est son témoignage sur le piétisme essénien. Nous étudierons d'abord ce témoignage. Nous le confronterons ensuite à celui des manuscrits de Qumrân. Enfin, nous nous demanderons si l'œuvre de Philon témoigne d'influence essénienne. Mais une question préalable se pose d'abord, qui est celle de la valeur du témoignage de Philon. Certains auteurs, en effet, ont vu dans sa notice une peinture du judaïsme idéal, sans référence à une réalité historique déterminée. Comme, par ailleurs, il est le premier auteur grec à parler des Esséniens et le premier à leur donner ce nom, qui ne se trouve pas dans les manuscrits de la Mer Morte, son témoignage est de grande importance. Il faut donc examiner au nom de quelles raisons on le conteste.

Le dernier auteur à l'avoir fait est Henri del Medico [1]. Je cite son texte : « Les Esséens, comme Philon les appelait, auraient vécu en Palestine. Qu'en savait-il ? Philon naquit à Alexandrie vers 30 av. J.-C. (?) et, bien que ne sachant pas l'hébreu (?), il fut nommé ethnarque (?) par ses coreligionnaires d'Égypte de langue grecque. Philosophe néo-platonicien (?), il écrivit en grec. Et ce n'est qu'âgé de 70 ans (?) qu'il quitta pour la première fois (?) l'Égypte, quand il dut se rendre à Rome pour défendre devant Caligula les intérêts de la communauté. Philon n'a jamais été en Palestine (?) : même le court séjour qu'il aurait fait à Jérusalem, à son retour de Rome (?), est assez hypothétique. Philon semble bien inventer de toutes pièces (?) ces vertueux Esséens » (*op. cit.*, p. 79).

J'ai souligné au passage toutes les inexactitudes dont fourmille ce texte. Le point essentiel, en ce qui nous intéresse, est l'affirmation que Philon n'a été en Palestine qu'après son retour de Rome, donc en 41, alors qu'il avait soixante-dix ans. Or, le texte qui parle du séjour à Jérusalem est le *De providentia II*, apparenté au *De animalibus*, qui est l'ouvrage le plus sûrement daté de Philon. Il se situe vers 35. Le voyage est donc antérieur. Par ailleurs, Philon, né en réalité vers 13 av. J.-C. avait alors quarante ans environ. Ajoutons qu'il n'y a aucune raison de penser que c'était son premier voyage en Palestine : quand on sait l'attirance qu'exerçait Jérusalem lors des grandes fêtes, la proximité d'Alexandrie par rapport à Ascalon, la grande fortune de Philon dont le frère était armateur, ses liens avec les Hérodes palestiniens, il serait bien étrange qu'il n'ait pas eu l'occasion d'aller en Palestine.

Rien donc ne permet de mettre en doute le témoignage de Philon. Et cela est un premier point acquis. Mais toutes les difficultés ne sont pas résolues quant à l'identification des Esséens mentionnés par Philon et des sadocites de Qumrân. Il faut donc examiner ce que dit Philon. Je prends d'abord

---

(1) *L'énigme des manuscrits de la Mer Morte*, pp. 79-81.

la notice du *Quod omnis probus*. Elle commence par trois indications singulièrement concrètes. Les Esséens (Ἐσσαῖοι), comme les nomme Philon, sont environ 4000. Cette indication est précieuse sur l'état des Esséniens à l'époque du Christ, qui est celle que Philon décrit. Il est invraisemblable qu'elle soit fictive. Philon explique ensuite que le nom d'Ἐσσαῖοι, qu'il leur donne transcrit un nom hébreu intraduisible, qui signifie la sainteté (75). Cette indication est également très précise. En effet, Ἐσσαῖοι paraît être la transcription en grec de l'araméen hasa qui signifie « pieux » et qui correspond à l'hébreu hasid [1]. Esséniens et Hassidim sont des expressions parallèles qui, depuis le Second Siècle, désignent les juifs fidèles. Cela permet, en passant, d'observer que Philon connaissait certainement l'hébreu, comme Marcus le remarque.

Philon continue en remarquant qu'ils sont « de vrais serviteurs de Dieu, n'immolant pas d'animaux, mais s'ingéniant à rendre leurs pensées vraiment dignes de personnes consacrées au sacerdoce ». Ce passage est l'un des plus intéressants de la notice. Il contient la constatation que les Esséniens n'offraient pas de sacrifices sanglants au Temple, mais un sacrifice spirituel et que c'était là leur sacerdoce. Nous noterons d'abord le dernier trait qui est une allusion à l'origine sacerdotale des sadocites. Qu'en est-il des autres ? On avait cru trouver une semblable condamnation des sacrifices dans le *Manuel de discipline* (IX, 3-5). Mais une meilleure lecture du texte écarte cette interprétation [2]. Reste toutefois l'affirmation par Josèphe que les Esséniens s'abstiennent d'offrir des sacrifices dans le Temple (*Ant.*, XVIII, 1,5). Il faut donc distinguer, dans l'affirmation de Philon, deux choses. D'une part, il constate le fait que les Esséniens n'offrent pas de sacrifices au Temple. Et cela est rigoureusement exact. Par ailleurs, il interprète ce fait comme une spiritualisation du culte. Cela est une théorie personnelle.

(1) R. MARCUS, Pharisees, Essenes and Gnostics, *J B L*, LXXIII (1954), p. 157.
(2) Voir J. CARMIGNAC, L'utilité ou l'inutilité des sacrifices sanglants dans la communauté de Qumrân, *R B*, LXIII (1956), pp. 524-532.

Les Esséniens, nous dit ensuite Philon, vivent « en villages », en dehors des villes. Le mot κωμηδόν est important. Il ne signifie pas que les Esséniens sont dispersés dans des bourgs, mais qu'ils constituent des colonies de gens vivant ensemble. Cela peut faire allusion à une agglomération comme celle de Qumrân, mais signifie sans doute qu'il en existait d'autres. L'idée essentielle, en tout cas, est qu'ils vivaient à l'écart du reste de la population palestinienne, « sachant, nous dit Philon, que le contact de la vie sociale apporte aux âmes des maladies incurables » (76). Or, cela correspond rigoureusement à l'un des thèmes essentiels des manuscrits de Qumrân, celui de la séparation radicale de la communauté par rapport au reste du peuple d'Israël, considéré comme souillé (D S D, V, 10 ; 13-20).

Ce qui suit concerne le mode de vie des Esséniens : certains travaillent la terre ou font des travaux d'artisanat ; ils ne cherchent pas à s'enrichir et vivent de peu ; ils ne fabriquent pas d'armes et ne font pas de commerce ; ils n'ont pas d'esclaves (76-79). On remarquera que cette vie de travail distingue, aux yeux de Philon, les Esséniens palestiniens des Thérapeutes d'Égypte. Or, c'est bien ce que nous montrent les manuscrits de Qumrân. Il y est question du travail des champs et de la garde des troupeaux (C D C, X, 20 ; XI, 6-7). La condamnation de l'industrie et du commerce se trouve aussi dans les manuscrits (C D C, XII, 7-11) ; par contre les esclaves sont explicitement mentionnés au moins dans le *Document de Damas* (C D C, XI, 12 ; XII, 10).

Concernant les doctrines des Esséniens, Philon observe qu'ils ne s'intéressent guère « à la logique et à la philosophie », sauf en ce qui concerne « Dieu et les origines du monde ; par contre, ils s'appliquent assidûment à la morale ». Ce texte est précieux pour nous renseigner sur ce que Philon a connu des doctrines esséniennes. D'une part, il a été frappé par l'intérêt pour les problèmes moraux. Et cela correspond bien au *Manuel de discipline* et au *Document de Damas*. Mais l'autre expression est plus curieuse : il est question de ce qui concerne « l'origine du monde ». Cela me paraît faire allusion à des spéculations sur le début de la Genèse, dont l'existence dans le judaïsme d'alors paraît certaine et qui peuvent avoir spécialement fleuri chez les Esséniens. Nous verrons plus loin que, sur ce point, Philon paraît avoir hérité de certains éléments de cette gnose essénienne. Par contre, il ne dit rien du messianisme et de l'eschatologie qui tiennent cependant un rôle capital dans les manuscrits de Qumrân. Cela aussi devra être examiné.

Les réunions liturgiques ont lieu principalement le jour du sabbat, mais l'étude de la Bible est quotidienne. Cela correspond aux prescriptions de Qumrân : « Partout où il y aura dix membres, qu'il y ait quelqu'un parmi eux qui scrute continuellement la Loi » (D S D, VI, 6-7). Philon note qu'il y a un ordre de préséance dans les réunions liturgiques et des règles qui prescrivent la tenue à observer (81). Cela est un des points sur lesquels le *Manuel de discipline* insiste le plus (D S D, VI, 9-13). Un nombre important de prescriptions concerne la tenue durant les réunions : ne pas interrompre, ne pas s'endormir, ne pas cracher, ne pas rire, ne pas s'éloigner (D S D, VII, 9-14). La phrase de Philon paraît comme un résumé de toute cette part de la législation.

Le programme de l'enseignement moral essénien que donne ensuite Philon comprend « la piété, la sainteté, la justice, la vie commune (πολιτεία), l'ordre des occupations (οἰκονομία), la connaissance des actions bonnes et mauvaises, le choix qu'il faut et la fuite du contraire, le principe étant une triple profession d'attachement à Dieu, à la vertu et aux hommes »(83). Cela ressemble beaucoup au programme proposé au début du *Manuel de discipline* : il est question de « pratiquer la vérité, la justice et le droit » (I, 5) ; on y décrit les actions bonnes et les actions mauvaises (I, 3) ; il faut s'éloigner de tout mal et s'attacher à toute œuvre bonne (I, 4-5) ; et le programme consiste à chercher Dieu (I, 1), à pratiquer les préceptes (I, 7), à aimer tous les fils de lumière (I, 9). Nous avons, dans les deux cas, cette catéchèse élémentaire, fondée sur le thème des deux voies et des deux commandements qui persistera dans la catéchèse chrétienne primitive et qui paraît typiquement essénienne.

Le détail des préceptes présente également des contacts frappants : on notera l'état de pureté dans les rapports avec les autres (84 ; *D S D*, VI, 16), qui est l'un des caractères les plus clairs et souligne la séparation d'avec le monde. Spécialement importante est la description de la vie commune. Personne n'a rien, maison, cellier, argent, vêtement qui ne soit commun (85-86). Or cela est un des traits les plus caractéristiques de Qumrân et interdit de voir dans le portrait des Esséniens, avec del Medico, une description de la communauté juive en général (*D S D*, VI, 19-20). Le *Manuel de discipline* précise que les biens et les salaires sont remis entre les mains du trésorier (VI, 19-20). Or cela est en propre terme dans l'autre notice de Philon, celle de l'*Apologie* : « Quand ils reçoivent un salaire, ils le donnent à un trésorier (ταμίᾳ) désigné pour cela » (XI, 10).

On remarquera qu'à cette occasion, Philon observe que les Esséniens vivent « en communautés » (κατὰ θιάσους) (85). Le mot apparaîtra aussi dans l'*Apologie* : « Ils demeurent ensemble en communautés (κατὰ θιάσους), formant des sociétés (ἑταιρίας) de vie commune (συσσίτια) » (XI, 5). Et cela vient également à propos des repas en commun (p. 86), auxquels les manuscrits de Qumrân font allusion (*D S D*, VI, 1-4). Ces communautés sont désignées également par le terme ὅμιλος (*Apol.*, XI, 1). Ralph Marcus a montré que ces expressions, en particulier la dernière, qui ne sont pas employées pour les autres sectes juives par Philon, ni par Josèphe, semblent traduire l'hébreu yahad, fréquent dans les manuscrits de la Mer Morte pour désigner la communauté de Qumrân [1]. Elles semblent bien montrer que les Esséniens présentaient aux yeux de Philon un caractère tout à fait particulier, précisément cette vie commune très étroite, qui était celle de la communauté de Qumrân.

---

(1) Philo, Josephus and the Dead Sea Yahad, *J B L*, LXXI (1952, pp. 205-209.

C'est également à cette vie commune que paraissent se référer deux expressions de Philon, souvent mal comprises. Celui-ci explique qu'on enseigne aux Esséniens la vie civile (πολιτεία) et la vie économique (οἰκονομία) (83). Lagrange traduit « la vie de famille et la vie civile »[1]. On ne voit pas à quoi correspond la première traduction, puisque Philon ne parle pas de mariage chez les Esséniens. En réalité, ces deux expressions, qui font partie du bref résumé que Philon donne du *D S D*, nous paraissent désigner deux des parties de celui-ci; la πολίτεια est l'ensemble des règles concernant les rapports des membres de la communauté entre eux et l'οἰκονομία les règles concernant l'usage des biens matériels : on pourrait les traduire par « règles d'obéissance et de pauvreté ».

La notice de Philon s'achève par un dernier trait, dont l'équivalent exact se retrouve dans le *Manuel*. Philon note le soin que l'on prend des malades et des vieillards, qui sont à la charge de la communauté. Or, le *Document de Damas* contient des prescriptions identiques. Un impôt est prélevé sur les salaires pour être versé à la caisse commune (XIV, 13). Le but est de venir en aide « au pauvre et à l'indigent », au « vieillard », à celui qui a été frappé de la lèpre, à « celui qui a été captif dans une nation étrangère » (XIV, 14-16). Ici à nouveau la précision du renseignement est telle chez Philon qu'elle écarte pratiquement le doute. Elle souligne à nouveau l'aspect communautaire du groupe décrit à la fois par Philon et par les manuscrits.

Telles sont les données de la notice du *Quod probus*. Elles attestent la connaissance précise que Philon avait de la communauté de Qumrân. Celles de l'*Apologie* les répètent pour la plus grande partie, en ajoutant des détails concrets, comme la distinction des vêtements d'hiver et d'été (XI, 12) ou l'indication parmi les métiers pratiqués de l'élevage des abeilles et de la garde des troupeaux (XI, 8). Mais, sur un point, elle ajoute un trait de grande importance : l'affirmation formelle que les Esséniens ne se marient pas (XI, 14). On

---

(1) *Le judaïsme au temps du Christ*, p. 209.

peut y rattacher le fait qu'ils ne comptent pas parmi eux d'enfants et d'adolescents (XI, 3). Le point est très singulier. Il sera également noté par Josèphe et par Pline. Or, d'après le *Document de Damas*, les Sadocites ont femme et enfants (V, 6-7 ; VII, 6-9). Le *Manuel de discipline* ne dit rien de la question. Les recherches faites au cimetière de Qumrân semblent bien montrer que des femmes y ont été enterrées.

Cela nous amène à constater qu'à côté d'analogies d'ensemble incontestables, il y a entre les notices de Philon et les manuscrits de Qumrân, dans la description de la communauté, des différences notables. Elles sont de deux sortes et relèvent de deux explications. D'une part, nous l'avons vu, le *Quod probus* de Philon nous présente quelques traits que ne présentent pas les manuscrits et qui accusent la sévérité du règlement de la communauté : interdiction de tout serment (84), interdiction des esclaves. L'*Apologie* ajoute le célibat et l'exclusion des adolescents et des enfants. Or, ces traits sont contraires à ce que nous dit le *Document de Damas* qui permet certains serments (IX, 8-16 ; XVI, 6-12), qui mentionne les esclaves, qui nous parle d'enfants, qui nous montre des gens mariés. Toutefois, il faut remarquer que le *Manuel de discipline* ne dit rien ni des esclaves, ni du célibat, ni du serment, ni des enfants.

Cela semble supposer des diversités à la fois de temps et de tendances. Si, comme il est vraisemblable, le *Manuel de discipline* nous présente l'état le plus ancien de la communauté on peut dire que celle-ci s'est ensuite divisée en deux courants : l'un, plus large, est celui dont témoigne le *Document de Damas* et auquel Josèphe fera allusion ; l'autre, plus strict, est celui dont parle Philon dans le *Quod probus* ; mais celui-ci ne paraissait pas encore connaître l'obligation du célibat, quand Philon écrivait son ouvrage ; au contraire, elle existait quand il écrit, après 41, l'*Apologie* ; c'est ce dernier état qu'a connu Josèphe ; il semblerait donc que le célibat soit apparu tardivement.

Cela pose la question de savoir sous quelle influence. Si nous nous rappelons qu'il s'agit des alentours de 40 et si nous nous demandons quelle influence a pu à cette date susciter en Palestine l'idéal de la virginité, il semble bien qu'il ne puisse y en avoir qu'une, celle du christianisme. Cela amènerait à penser qu'à cette date, il y a eu dans le milieu palestinien des influences réciproques du christianisme et de l'essénisme [1]. Il en résulterait cette conséquence curieuse qu'Eusèbe n'avait pas entièrement tort quand il croyait reconnaître des chrétiens dans les Esséniens décrits par Philon et Josèphe. En effet, ceux que décrivent l'*Apologie* du premier et les œuvres du second pourraient avoir déjà subi une influence chrétienne. Aussi bien, quant aux allures extérieures, Chrétiens et Esséniens de cette époque ne devaient-ils pas être si faciles à distinguer pour quelqu'un d'étranger à la Palestine.

On peut se demander si deux autres traits également, qui opposent l'*Apologie* au *Quod probus*, ne se rapportent pas plutôt aux chrétiens qu'aux Esséniens, en sorte que nous aurions dans l'*Apologie* un témoignage de ce que Philon, à la fin de sa vie, entendait dire du développement du christianisme en Palestine, qu'il confondait de loin avec l'Essénisme. Le *Quod probus* nous disait que les Esséniens fuyaient les villes et vivaient par villages (κωμηδόν) et qu'ils étaient en tout 4.000. Or, l'*Apologie* nous les montre « habitant de nombreuses villes de Judée, ainsi que de nombreux villages, où ils forment des communautés grandes et nombreuses (πολυανθρώπους) » (XI, 1). L'habitation dans les villes est absolument contraire à l'usage essénien ; elle convient au contraire aux chrétiens. Par ailleurs, un grand développement des Esséniens à cette époque est peu vraisemblable. En réalité, leur communauté subissait une double attraction. Les zélotes d'une part les entraînaient dans leur révolte contre Rome, ainsi qu'en témoigne Josèphe : on peut en voir un signe dans ce que l'*Apologie* ne fait plus mention du pacifisme dont témoignait le *Quod probus*. Et, d'autre part, une autre partie était emportée dans l'orbite chré-

(1) Voir J. Daniélou, *Les manuscrits de la Mer Morte et les Origines du christianisme*, 1957.

tienne, s'il faut croire, avec Cullmann, que les nombreux prêtres convertis dont parle Act. VI, 7 sont des Sadocites. L'autre trait qui oppose l'*Apologie* au *Quod probus* est l'affirmation qu'on n'entre pas dans la communauté par la naissance, mais par un libre choix (XI, 2) : c'est pourquoi ajoute-t-il, « il n'y a pas d'Essénien qui soit petit enfant, enfant ou adolescent, car le caractère alors est encore instable » (XI, 3). Cela paraît mal convenir aux Sadocites : la communauté était composée de familles sacerdotales. Le trait paraît au contraire correspondre à l'affirmation chrétienne que la race n'a pas d'importance et que l'entrée dans la communauté relève seulement d'un libre choix. Ainsi les différences de l'*Apologie* et du *Quod probus* posent un curieux problème auquel une allusion au christianisme apporte la solution la plus satisfaisante.

Avec cela, nous ne sommes pas encore au bout des questions que pose la confrontation des notices de Philon et des manuscrits de Qumrân. En effet, si ceux-ci nous décrivent une communauté, ils témoignent au moins autant de la présence d'un courant d'idée eschatologique. Le Maître de justice a été envoyé par Dieu pour annoncer que les derniers temps prédits par les prophètes étaient commencés ; la communauté est partie au Désert pour se préparer au Jugement ultime qui est imminent ; la venue des Messies d'Aaron et d'Israël en sera le premier signe ; alors, les païens seront anéantis et le peuple de Dieu exalté. Or tout ceci : attente eschatologique, théologie de l'histoire, tendances messianiques, exaltation nationale, est totalement absent des notices de Philon. Les mœurs décrites sont les mêmes, mais l'esprit est totalement différent. Comment admettre que Philon ait pu à ce point modifier les choses ?

C'est pourtant cette solution qui s'impose. Et cela pour diverses raisons. Des raisons de prudence d'abord. Philon parle des Esséniens dans des ouvrages apologétiques adressés à des païens ; il veut leur présenter les Juifs sous une forme qui puisse les séduire ; il est clair que l'esprit apocalyptique des Sadocites déconcerterait et inquiéterait. Philon, d'autre part, n'a aucune sympathie pour cet aspect des Sadocites. Il déteste leur nationalisme, partisan qu'il est de l'Empire romain. L'idée d'un jugement eschatologique, qu'il n'ignore pas, est néanmoins étrangère à sa pensée : et son idéal est tout intérieur. Il faut donc admettre qu'ici Philon a consciemment laissé de côté tout l'aspect eschatologique de la communauté sadocite, pour n'en retenir que les traits moraux.

Une dernière question subsiste. Le reste de l'œuvre de Philon témoigne-t-il d'une connaissance des doctrines esséniennes ? On sait que la doctrine essénienne la plus caractéristique est celle des deux esprits, celui de vérité et celui d'iniquité, créés par Dieu à l'origine et qui président à l'histoire de tous les hommes (D S D, III, 18-19 ; IV, 15). Ces deux esprits sont mêlés en chaque homme. Selon qu'il suit l'un ou l'autre, il se range dans l'armée de lumière ou dans celle des ténèbres. Il ne s'agit pas ici simplement de l'idée d'un conflit intérieur qui oppose dans le cœur humain la tendance au bien et celle du mal. Cette dernière doctrine est celle des deux yeser, qui se trouve dans le judaïsme avant les Esséniens. Mais ce qui paraît propre à ceux-ci est de rattacher chacun des yeser à une puissance spirituelle et de rapporter à Dieu l'établissement de ces deux Anges dès l'origine. Il est difficile de ne pas voir sur ce point une influence sur les Esséniens des mages iràniens.

Cette doctrine est étrangère à l'ensemble de l'œuvre de Philon. Son angélologie, nous le verrons, n'est pas dualiste de tendance. Il est d'autant plus singulier de rencontrer dans son œuvre un texte où nous trouvons un dualisme accusé. Et la question se pose de savoir si ce texte est une allusion à la doctrine essénienne [1]. Il se trouve dans les *Quæstiones in Exodum* (II, 23) : « Dans toutes les âmes, au moment de leur naissance deux vertus (δυνάμεις) surviennent et pénètrent en même temps, la salutaire (σωτηρία) et la nuisible (φθοροποιός). Si la première l'emporte, l'autre devient impuissante à accomplir ses fins ; si au contraire

---

(1) Voir J. Daniélou, Art. *Démon*, dans *Dict. Spir.*, IV, col. 163-165.

c'est la seconde : la puissance salutaire n'obtient à peu près aucun avantage. » Cette première partie affirme la présence dès l'origine de deux puissances contraires mises par Dieu dans le cœur de l'homme. Cette doctrine pourrait être essénienne. Elle se retrouve dans des ouvrages chrétiens influencés par l'essénisme comme le *Pasteur* d'Hermas.

Mais la suite est la plus curieuse : « C'est par ces puissances (δυνάμεις) aussi que le monde entier a été fait. On les appelle aussi d'autres noms : la puissance salutaire, puissante (potens ?) et bienfaisante (εὐεργετικός) ; celle qui est contraire, informe (immensa ?) et punitive (κολαστική)[1]. Le soleil, la lune, les autres étoiles avec leurs positions appropriées et l'ordre de leurs opérations, bref, le ciel entier procèdent de l'une et de l'autre. Ils obtiennent leur meilleur lot quand la puissance salutaire et bienfaisante l'emporte sur la puissance informe et punitive (κολαστική). De même aussi ceux qui ont obtenu une nature de ce genre et tous ceux qui l'obtiendront par la suite sont rendus immortels. Car la race (humaine) présente un mélange qui vient de ces mêmes puissances dont le ciel et le monde entier ont reçu leur mélange. Mais quand c'est l'élément mauvais qui abonde, on vit dans les épreuves, les pertes, l'infâmie, la dispute, les guerres, la maladie. Il en est de l'homme comme du monde. »

Ce texte difficile affirme, en tout cas, un parallélisme entre l'action des deux puissances hostiles dans le cosmos et leur action dans l'homme. Deux problèmes ici sont à distinguer : l'idée des deux puissances établies à l'origine par Dieu rappelle le *D S D*. On observera que Philon semble assimiler cette doctrine à celle des puissances qui entourent Dieu et qui lui est familière. On peut rapprocher, par exemple, *Quæstiones in Exodum*, II, 68, où Philon expose qu'à la puissance créatrice est subordonnée la puissance favorable, dont le nom propre est bienfaisante (εὐεργετική) et qu'à

---

(1) COLSON a tort de ne pas reconnaître ici les épithètes ordinaires chez Philon pour les δυνάμεις qui environnent Dieu (*Philo, Supplement*, II, p. 32).

la puissance royale (βασιλική) est adjointe la puissance législative (νομοθετική) dont le nom propre est punitive (κολαστική). Voir aussi *Sacr.*, 38, 131-133. Ces analogies assurent de l'authenticité philonienne du passage. Mais il reste que la doctrine des puissances a dans notre texte un caractère dualiste étranger à l'ensemble de l'œuvre de Philon. D'autre part, l'action des deux puissances contraires, non seulement dans les âmes humaines et dans l'histoire, mais aussi dans le cosmos, n'a pas d'équivalent dans la doctrine essénienne. Par contre, elle présente une singulière analogie avec ce que nous trouvons chez un auteur païen de peu postérieur à Philon, Plutarque. Dans le *De Iside et Osiride*, celui-ci expose que « rien de ce qui est dans la nature n'est exempt de mélange et que tout nous advient de deux principes opposés » (45). Il montre que cela est commun à plusieurs traditions. Il mentionne le dualisme iranien, les influences bénéfiques et maléfiques des astres chez les Chaldéens, les différents dualismes grecs, les deux âmes dans les *Lois* de Platon, puis il ajoute : « Je m'attacherai à concilier la théologie des Egyptiens et les doctrines de Platon » (48). Il interprète alors Osiris comme la source de tout ce qui « dans la terre, le vent, l'eau, le ciel et les astres est réglé, constant et salutaire et Typhon de tout ce qu'il y a de périssable et de nocif dans le corps de l'univers, irrégularités et intempéries des saisons, éclipses de soleil, effacements de la lune » (49).

Il n'est pas question que Plutarque soit la source de notre passage. Mais il est, par contre, très vraisemblable que Philon et lui appliquent le même procédé, l'un à l'exégèse des mythes égyptiens, l'autre à celle de la Bible et qu'ils utilisent un dossier d'école où étaient rapprochées les diverses interprétations dualistes des philosophes et des traditions religieuses. En effet, plusieurs traits dans le texte de Philon rappellent celui de Plutarque. Un des titres de la puissance nocive est *immensa*, qui paraît traduire ἄπειρος. Or, dans le texte de Philon, il est dit que pour Anaxagore et Pythagore la source des maux est l'ἄπειρον (48). L'allusion aux désordres célestes avec la mention des éclipses de soleil (κρύψεις), des effacements (ἀφανισμοί) de la lune, des intempéries des saisons (ἀωρίαι) se retrouve dans un autre ouvrage de Philon, dont nous parlerons plus loin, le *De Providentia II*, parmi les arguments d'école contre la Providence (II, 71). Il semble donc bien qu'ici Philon fasse allusion à des doctrines philosophiques grecques.

La suite le confirme : « Ce mélange (μῖξις) est commun à l'injuste et au juste, mais pas de la même manière; l'âme de l'insensé contient davantage de la puissance informe et nocive que de celle qui est souveraine et bienfaisante; en effet, malheureusement, elle est congénitale aux êtres terrestres. L'homme sage recevant davantage de la puissance souveraine et salutaire possède au contraire en lui le bonheur et la félicité, circulant avec le ciel (μετεωροπορῶν), en vertu de la parenté (συγγένεια) qu'il a avec lui. » Ces dernière expressions, qui sont une allusion au *Phèdre* de Platon, sont fréquentes chez Philon. Mais il est évident, ici encore, qu'il utilise une source étrangère à sa pensée. L'idée de la parenté de l'âme avec le ciel, l'idée aussi que les destinées sont déterminées par la proportion du bien et du mal versés dans l'âme à l'origine sont étrangères à sa pensée — et aussi à la doctrine essénienne.

Par contre, la conclusion nous ramène à l'introduction : « La puissance, qui est cause de perdition, si on l'empêche d'entrer dans l'âme, est empêchée de nuire par les grâces divines (θεῖαι εὐεργεσίαι), qui sont bienfaisantes. Mais ceux dont les grâces divines (αἱ τοῦ θεοῦ χάριτες) se sont éloignées subissent un état de vide et de désolation. » Ici, nous retrouvons l'idée essénienne des deux esprits se disputant l'âme et de celle-ci s'ouvrant à l'une ou à l'autre. Il paraît donc que cet étrange passage contienne deux sources différentes, l'une et l'autre étrangères à Philon : d'une part, un exposé essénien des deux esprits et de leur action sur l'âme ; de l'autre, un exposé de philosophie dualiste relevant des écoles philosophiques égyptiennes. Il semblerait que Philon, encore une fois, ici, ait retenu de la doctrine essénienne un trait moral, mais l'ait dissocié de son contexte eschatologique et ait remplacé celui-ci par un exposé cosmologique.

## II

### LES PHILOSOPHES D'ALEXANDRIE

Philon a interprété la Bible avec les catégories de la philosophie grecque. Le problème se pose alors de savoir quelle est cette philosophie. Or, ceci ne va pas sans difficulté. Pohlenz consacre à Philon un chapitre dans son livre sur le stoïcisme, Wolfson voit en lui un platonicien, Wendland le rattache à Aristote, Festugière se contente de parler d'éclectisme. Mais en ceci Philon est bien l'image de la période à laquelle il appartient, celle des débuts de l'Empire. Les écoles tendent à se confondre, suivant une évolution commencée au siècle précédent. Posidonius avait ouvert le stoïcisme classique à des influences platoniciennes ; Antiochos d'Ascalon avait intégré au platonisme des éléments stoïciens et aristotéliciens. Ces diverses influences persistent à l'époque qui est la nôtre.

On peut, toutefois, discerner certains courants. Le stoïcisme proprement dit paraît régner à Rome. Son principal représentant est Sénèque. Avec lui, il s'oriente délibérément dans une direction moraliste que reprendront Epictète et Marc-Aurèle. Mais Sénèque est un peu plus jeune que Philon. Le stoïcisme dont celui-ci est proprement contemporain est plus tourné vers les traditions religieuses et leur interprétation symbolique. Et cela n'est pas sans intérêt, car nous trouvons une tendance analogue chez Philon. Deux noms, ici, sont surtout à mentionner. Le premier est celui de l'Africain Cornutus, qui vécut à Rome sous Tibère et Claude et fut le maître des poètes Perse et Lucain. Nous avons de lui une *Théologie grecque*, qui est une interprétation symbolique des données de la mythologie.

Mais le personnage le plus intéressant pour nous, parce qu'il est alexandrin, est Chérémon. Égyptien d'origine, il fut le chef de l'école des Grammairiens d'Alexandrie et le directeur du *Muséion*. La *Lettre de Claude aux Alexandrins* le mentionne comme un des membres de l'ambassade envoyée à Rome en 53 (I. Bell, *loc. cit.*, p. 29). Plus tard, il fut, avant Sénèque, précepteur de Néron. Il se rattachait au stoïcisme. Mais c'était en même temps un scribe égyptien, attaché aux traditions religieuses de son pays [1]. Il les interprétait symboliquement, comme Cornutus celles de la Grèce et Philon celles d'Israël. Il était violemment antisémite. Josèphe cite de lui pour les réfuter des extraits d'une œuvre antijuive, où il rapportait qu'Isis apparut à Aménophis pour lui inspirer l'expulsions des Juifs hors d'Égypte au temps de Moïse (*Contr. Ap.*, 37-38).

En face de ce stoïcisme mystagogique, nous voyons, à cette époque, se continuer le platonisme éclectique inauguré par Antiochos d'Ascalon. Celui-ci avait séjourné à Alexandrie, avant de succéder à Philon de Larisse comme chef de l'école d'Athènes. Mais, comme l'a noté R.-E. Witt [2], « il avait laissé derrière lui à Alexandrie un groupe d'adhérents par lesquels sa tradition se continua ». A la fin du premier siècle av. J.-C., le principal représentant de ce platonisme éclectique était Eudoxe, qui, à l'imitation d'Antiochus, unissait des éléments stoïciens et aristotéliciens à son platonisme. Cela veut dire essentiellement qu'au dogme platonicien de la distinction de Dieu et du monde, de l'esprit et de la matière, se joignaient la curiosité à l'égard du cosmos, héritée de Posidonius, et la psychologie d'Aristote.

Or, cette école était toujours vivante à l'époque où Philon faisait ses études, sous Auguste. Diogène Laerce (*Proem.*, 21) parle d'une secte éclectique (ἐκλεκτική) fondée par Potamo et qui était dans la ligne d'Antiochus (Witt, *loc. cit.*, p. 25-26). C'est à cette école que se rattache Ammonios qui fut le maître de Plutarque, lequel est un peu postérieur à Philon. Or, comme nous le verrons en examinant les écrits philosophiques

---

(1) Voir R. REITZENSTEIN, *Zwei religionsgeschichtliche Fragen nach ungedruckten griechischen Texten der Strassburger Bibliothek*, 1901, pp. 90-100.

(2) *Albinos and the history of middle platonism*, Cambridge, 1937, p. 25.

de Philon, ce platonisme éclectique est exactement la philosophie que nous trouvons chez lui. Il combat les thèses stoïciennes, mais il est imprégné de pensée stoïcienne. Il est donc vraisemblable qu'il a fréquenté l'école de Potamo. C'est dans le voisinage de cette école, bien que ne se rattachant pas directement à l'Académie, qu'il faut placer Arius Didyme. Ce personnage est caractéristique de la philosophie scolaire qui se constitue alors et restera celle de la culture générale jusqu'à la fin de l'hellénisme. Il ne se rattache à aucune école, mais il expose les opinions des grands philosophes. Cela ne veut pas dire qu'il ne prenne position. En fait, il paraît influencé par Antiochos d'Ascalon. En particulier, il croit à l'existence transcendante du monde des idées (Witt, *loc. cit.*, p. 27). Le point est important pour nous, car il en sera de même chez Philon. Originaire d'Alexandrie, il fut attiré à Rome par Auguste.

L'aristotélisme enfin, mais un aristotélisme qui est principalement celui du jeune Aristote encore platonisant et dont les œuvres sont aujourd'hui perdues, est représenté par le traité *Du Monde* [1]. Festugière a montré que l'usage fait par l'ouvrage des œuvres ésotériques du fondateur du Lycée, publiées seulement vers 40 par Andronikos de Rhodes, empêchait que sa rédaction soit antérieure [2]. Il paraît dépendre d'Arius Didyme [3] et, par ailleurs, être une source de Philon. Cela permettrait de le situer vers 10-20 après J.-C. Il n'y a pas lieu de retenir, comme le fait encore Pohlenz, l'opinion selon laquelle l'Alexandre auquel il est adressé serait Tibère Alexandre, le neveu de Philon [4]. Mais il appartient à un milieu très voisin de Philon et sans doute alexandrin [5].

(1) Il faut en rapprocher le Pseudo-Ocellos, que Philon cite explicitement. Voir J. de HEYDEN-ZIELEWICZ, *Prolegomena in Pseudocelli de universa natura libellum*, Breslau, 1901, p. I. 38. L'ouvrage est du début du premier siècle après J.-C. d'après cet auteur (p. 73).
(2) *Le Dieu cosmique*, p. 477.
(3) *id.*, pp. 492-496.
(4) *id*, p. 479.
(5) Voir M. ADRIANI, Note sul Trattato περὶ κόσμου, *Riv. Filolog.*, 30 (1955), pp. 208-222.

On voit le climat commun à ces diverses œuvres philosophiques qui se rattachent aux règnes d'Auguste et de Tibère. Mais nous avons pour connaître le milieu philosophique de Philon un témoignage encore plus direct. Il y a dans l'œuvre de celui-ci un groupe d'ouvrages qui sont tout à fait à part : ce sont le traité *Sur l'incorruptibilité du monde*, conservé en grec, les deux livres *Sur la Providence*, le dialogue *Sur l'âme des bêtes*, conservés en traduction arménienne. On peut en rapprocher le traité *Que tout homme honnête est libre*. Le propre de ces ouvrages, en particulier des premiers, est qu'ils sont purement philosophiques. Ils pourraient avoir été écrits par des païens. C'est pourquoi leur authenticité philonienne a été suspectée. Pourtant elle paraît incontestable. Bousset semble avoir trouvé la bonne explication, en montrant qu'il s'agissait de dossiers scolaires où Philon résume des enseignements reçus et non de l'exposé de ses propres idées [1]. Ils sont donc un document de première main sur l'enseignement philosophique alexandrin.

Le traité *Sur l'incorruptibilité du monde* est très caractéristique à cet égard. On y rencontre des affirmations qui contredisent absolument la pensée de Philon, telle qu'on la trouve dans tout le reste de son œuvre. Le monde est présenté comme incréé (10 ; p. 17) ; les astres sont appelés « des dieux visibles » et l'idée qu'ils puissent périr est déclarée impie (9 ; p. 14) ; le monde est à lui-même cause de son existence (12 ; p. 20) ; Dieu n'a pas existé avant le monde (16 ; p. 26) ; il est appelé l'Ame du monde (16 ; p. 27). Il est clair qu'il serait absurde d'attribuer ces opinions au pieux Juif alexandrin. D'autre part, les analogies littéraires avec le reste de l'œuvre philonienne sont frappantes. Bousset a montré [2] que la clef de l'énigme était dans la phrase finale : « Ce que nous avons reçu (παρειλήφαμεν) concernant l'incorruptibilité du monde, nous l'avons rapporté autant que possible. Restera à montrer

---

(1) *Jüdisch-christliche Schulbetrieb in Alexandria und Rom*, Göttingen, 1915, pp. 134-152.
(2) *Op. cit.*, p. 136.

plus tard ce qu'on peut objecter à chaque point » (27 ; p. 44).
Cela ne signifie pas, comme on l'a dit, qu'à une première
partie, défendant l'incorruptibilité, devait s'en opposer une
seconde, la contestant. Mais le sens est que Philon a voulu
rapporter ce qu'il avait entendu sur la question, se réservant
de le discuter dans l'avenir.

Ainsi compris, tout s'explique. Philon expose qu'il y a trois
opinions en présence (3 ; pp. 3-5) : les aristotéliciens font le
monde à la fois inengendré et incorruptible ; les stoïciens y
voient une suite de mondes engendrés et corruptibles; Platon
le déclare engendré et incorruptible [1]. Nous noterons que
Philon observe que cette dernière opinion est aussi celle de
Moïse. Or, chose étrange, la seule opinion exposée en fait est
la première. Mais cela s'explique parfaitement, si l'ouvrage
est l'écho de l'enseignement philosophique contemporain. En
effet, la thèse aristotélicienne paraît alors la thèse commune. C'est elle que nous trouvons dans le traité *Du Monde*.
Mais c'est aussi celle qu'enseignait à la même époque le
Pseudo-Ocellos, que Philon cite explicitement. Les stoïciens
Panétius et Boethos de Sidon s'y étaient ralliés, comme le
notera Philon (15 ; pp. 24-25). Sénèque la soutiendra un peu
plus tard.

Le détail même est constamment en parallèle avec les
ouvrages des philosophes contemporains. Au début de son
traité, Philon étudie les différents sens du mot κόσμος : « On
appelle κόσμος en un premier sens l'ensemble (σύστημα) du
ciel et des astres environnant la terre et des animaux et des
végétaux qu'elle contient ; en un second sens le ciel seul,
selon Anaxagore ; en un troisième sens, celui des Stoïciens,
une réalité (οὐσία) organisée (διακεκοσμημένη) ou non, qui a,
selon eux, le temps comme mesure de son mouvement »
(2 ; Cumont, p. 2). Philon retiendra la première définition,
selon laquelle le monde est « l'assemblage du ciel, de la terre

---

[1] Sur la persistance de ce débat chez les Pères, voir E. CORSINI,
Sources de l'Hexaméron de St Grégoire de Nysse, *Stud. Patrist.*, I,
1957, pp. 94-103.

et des vivants qu'ils contiennent » (2 ; p. 3)[1]. Or, le *De mundo* donne deux de ces définitions : « Ce monde est l'assemblage (σύστημα) que fournit le ciel et la terre avec toutes les espèces d'êtres qu'ils contiennent. Monde se dit aussi, en un autre sens, de l'ordre et de l'arrangement (διακόσμησις) de la nature universelle » (2 ; Festugière, p. 461).

Prenons maintenant Arius Didyme : « Selon Chrysippe, le monde est l'assemblage (σύστημα) que forment le ciel et la terre avec les espèces d'êtres qu'ils contiennent [2], ou l'assemblage (σύστημα) que forment les dieux et les hommes et tout ce qui a été produit pour le bien de ces deux classes d'êtres. Dans un autre sens, c'est Dieu qui est dit le monde, Dieu en vertu de qui se forme et s'accomplit le bel ordre (διακόσμησις) du monde » (fig. 31 ; Festugière, p. 492). On voit ce que le *De mundo* et surtout Philon ont écarté des définitions d'Arius Didyme, qui lui-même ne faisait que rassembler des δόξαι antérieures. Mais le fond est le même chez les trois auteurs.

L'ouvrage nous met donc en présence de la philosophie qui régnait alors à Alexandrie. Il est intéressant de l'analyser pour connaître à la fois les thèses et l'esprit de cette philosophie. Les arguments en faveur de l'incorruptibilité du monde sont d'abord que la corruption doit avoir une cause extérieure ou une cause intérieure. Or les deux sont impossibles. En effet, il n'y a rien en dehors du monde, sauf Dieu ; et il serait absurde que Dieu détruise le monde. Et, d'autre part, si la corruption devait venir de l'intérieur, la partie serait plus puissante que le tout, ce qui est également absurde. Philon cite ensuite *Tim.*, 32 c, selon lequel les éléments du monde étant simples ne peuvent se dissoudre ; ceci concerne l'incorruptibilité ; Aristote ajouterait que seul ce qui est engendré est corruptible et donc que ce qui est incorruptible est inengendré (6 ; p. 9). Philon poursuit l'argument : « Dans les êtres composés, les éléments subissent une violence ; mais quand ces êtres

(1) Cette définition reparaîtra, attribuée à Platon, dans *De Prov.*, I, 21.
(2) C'est la définition que donne Posidonius (DIOGÈNE LAERCE, VII, 138).

se décomposent, les éléments reviennent à leur lieu propre »
(7 ; pp. 11-12) ; et c'est cet ordre du monde qui est immuable,
bien qu'il se déploie continuellement en combinaisons qui
sont muables. D'ailleurs ne serait-il pas impie de penser que
les astres, « cette armée bienheureuse de dieux sensibles »
doivent périr (9 ; p. 14)[1].

Un autre argument part du temps. Celui-ci est, selon la
définition stoïcienne, « l'espacement » (διάστημα) du mouvement
cosmique. Il est donc absurde de penser que le monde ait
pu exister sans le temps. Mais celui-ci n'a pas pu commencer,
puisque affirmer qu'il y avait un temps où le temps n'existait
pas est encore affirmer le temps. Donc, le monde aussi n'a pas
commencé. Et qu'on ne dise pas avec les stoïciens que le
temps peut être aussi bien celui du monde qui suivra l'ἐκπύρωσις
que celui de notre monde. Car si ce monde mérite ce nom de
κόσμος que nous lui donnons, sa transformation par le feu
ne serait plus un ordre, mais un désordre (ἀκοσμία) (10 ; p. 17).

Philon mentionne un autre argument de l'aristotélicien
Critolaos : « Si le monde est engendré, la terre l'est aussi ;
si la terre l'est, l'homme l'est également ; or cela n'est pas
possible » (11 ; p. 18). A cette occasion, Philon attaque d'abord
les poètes qui représentent les premiers hommes comme issus
adultes et armés de la terre. Cela est contraire à la loi de la
nature, selon laquelle l'homme doit être d'abord nourrisson,
enfant, adolescent. Ainsi, il n'y a pas un commencement où
l'homme serait issu d'autre chose, mais la chaîne de la génération est éternelle. Aussi bien, si la terre pouvait produire des
hommes à un moment, elle devrait le pouvoir encore. Ou
alors sa puissance est diminuée. Mais tout prouve le contraire.
Elle est toujours Pandore, celle qui répand tous les dons
(12 ; p. 20)[2]. Si donc la génération humaine est éternelle, le

---

(1) Sur l'origine de ce dernier argument dans le περὶ φιλοσοφίας du
jeune Aristote voir FESTUGIÈRE, *Le Dieu cosmique*, pp. 239-240. Il
en est de même des précédents d'après HEYDEN ZIELEWICZ, *op. cti*,
pp. 30-32.

(2) Sur l'origine aristotélicienne voir HEYDEN-ZIELEWICZ, *loc. cit.*,
pp. 47-50.

monde dont elle est une partie l'est aussi. Critolaos, lui, raisonnait ainsi : ce qui est cause de l'existence est éternel ; or, le monde est à lui-même cause de son existence ; donc il est éternel.

Philon est amené à poser la question de l'évolution : n'y a-t-il pas lieu de considérer que le monde comme l'individu se développe de l'enfance à la maturité. Cela paraît à notre auteur « le fait d'hommes possédés d'une folie inguérissable » (14 ; p. 23). En effet, il faudrait alors penser que non seulement le corps, mais le logos du monde irait en augmentant et donc qu'au commencement de la création le monde n'était pas encore raisonnable. Or, c'est là une impiété que de penser que le monde n'a pas été toujours parfait. Ici, le caractère profondément antihistorique de la pensée aristotélico-platonicienne est radicalement affirmé. Et il paraît bien que cela ait été la pensée personnelle de Philon, chez qui l'histoire ne joue aucun rôle.

Continuant son inventaire, Philon mentionne que l'εἱμαρμένη étant éternelle, le monde l'est aussi (15 ; p. 24). Puis il rappelle que les stoïciens Panétios et Boethos de Sidon ont eux-mêmes rejeté l'ἐκπύρωσις (15 ; p. 25). Il cite les arguments de Boethos : il n'y a pas de causes extérieures ou intérieures à la corruption du monde ; donc celle-ci a pour cause le néant, ce qui est absurde. Ou encore : au moment de l'ἐκπύρωσις, que fera Dieu ? Celui-ci, en effet, est « comme le cocher et le pilote de l'univers, assistant le soleil, la lune, les étoiles et les planètes, l'air et les autres parties du cosmos et opérant avec elles en vue de la conservation du tout et de son organisation irréprochable conformément à la droite raison. Si tout est supprimé, vivra-t-il une vie sans vie dans l'oisiveté et l'inaction ? Qu'y aurait-il de plus absurde. Si vous enlevez à l'âme son activité continuelle, vous la détruisez. Or, Dieu est l'âme du monde » (16 ; pp. 26-27).

A ces raisons positives, Philon ajoute des critiques de la doctrine de l'ἐκπύρωσις : le feu a besoin de matière pour exister, il ne peut subsister seul (17-18) ; les divers éléments sont complémentaires (20 ; p. 32) ; plus encore ils se trans-

établit que le monde n'est pas éternel, mais a un commencement et une fin ; les deux autres portent sur les objections contre la Providence.

Ainsi le thème de la première partie est le même que celui du traité *Sur l'incorruptibilité du monde*. Mais la thèse en est exactement contraire. Dans ce dernier ouvrage, Philon exposait le point de vue aristotélicien. Ici, il présente le point de vue stoïcien. Il est évidemment absurde de penser que cela correspond à deux étapes de sa pensée. D'ailleurs, il est clair que sa thèse, à lui, est différente. La seule solution, comme l'a bien montré Bousset, est de voir dans ces deux ouvrages des documents non sur Philon, mais sur ses maîtres. Le traité précédent nous décrivait l'aristotélisme que Philon a connu à Alexandrie et dont témoigne par ailleurs le traité *Du monde*. Le *De Providentia I* nous fait connaître l'enseignement stoïcien, tel que Chérémon, d'autre part, avait pu le recevoir à Alexandrie. D'ailleurs le thème de la Providence était la thèse la plus chère du stoïcisme, qu'il défendait passionnément contre les épicuriens.

Mais avant de traiter de la Providence, l'ouvrage critique d'abord la thèse aristotélicienne du monde incréé et incorruptible : « Il arrive que certains estiment que ce monde existe éternellement et sans commencement, en sorte qu'il n'ait aucun principe de création, mais qu'il possède une existence perpétuelle et qu'il ne puisse être dissous... Ils disent, en effet, qu'il convient que la divinité ne demeure pas inactive, car cela est une marque de paresse et d'oisiveté. Ainsi Dieu, disent-ils, a établi l'univers sans commencement. Ils ne comprennent pas l'absurdité d'une telle hypothèse. » (1, 6). Or, cet argument était utilisé en sens contraire dans le traité *Sur l'incorruptibilité*, où la nécessité où est Dieu d'agir toujours était apportée comme argument en faveur de l'éternité du monde. La contradiction ne peut pas être plus formelle.

Philon d'ailleurs reprend ensuite des arguments qu'apportait le traité *Sur l'incorruptibilité* en faveur de l'éternité du monde, pour les réfuter. Celui-ci opposait les parties du monde, qui sont corruptibles et le tout qui ne l'est pas. Au contraire, il est affirmé que si les parties ont un commencement, le tout en a également un (1, 9) ; que si les parties sont corruptibles, le tout est également corruptible (1, 13) ; plus précisément les quatre éléments sont affirmés comme corruptibles (1, 15-20) ; l'idée que la génération humaine puisse remonter à l'infini est présentée comme absurde (I, 11). L'auteur s'en prend en particulier à la thèse selon laquelle la création consisterait seulement à organiser une matière informe éternellement préexistente (I, 7-8). La matière même a un commencement. Philon s'appuie pour cela à la fois sur Platon et sur Moïse (I, 20-22). Mais il fait également appel à Zénon (I, 22). Il critique toutefois la thèse stoïcienne du monde considéré comme un animal (I, 22).

La suite du traité développe deux argumentations successives en faveur de la Providence. Dans la première, Philon, réalisant le dessein qu'il se proposait dans son préambule, montre que la contemplation du monde établit l'existence de la Providence (I, 24-36) ; providence chez les hommes dans le berger, le pilote, le médecin (I, 25) ; gouvernement de l'esprit (ἡγεμονικόν) sur le corps (I, 28) ; existence des arts, musique, philosophie, géométrie (I, 32) ; harmonie du monde (I, 33) ; : « Toutes ces choses manifestent le développement d'un ordre (τάξις καὶ ἀκολουθία) immuable par la loi de la Providence mouvant l'univers à la manière d'une âme » (I, 33). Tout cela porte incontestablement une marque stoïcienne.

Vient ensuite une réfutation des attaques des épicuriens contre la Providence, qui porte également une marque stoïcienne. L'argument est d'abord l'existence des maux qui accablent le monde (I, 37) : inondations, grêles qui détruisent les moissons, calamités qui frappent également les justes et les méchants. Philon répond en marquant la valeur éducative des épreuves (I, 54), en soulignant qu'elles n'atteignent pas le sage, qui est détaché des biens extérieurs (I, 56). Bien des traits secondaires attestent ici l'origine stoïcienne. On notera par exemple, la comparaison de l'homme à un microcosme, opposé au macrocosme qui est le monde (I, 40), la conception de l'homme comme citoyen du monde (I, 40). Les paragraphes sur l'idéal stoïcien du sage rappellent Sénèque (I, 70-76). Mais voici qu'à partir du § 79, on passe brusquement à un dernier thème, la critique de la fatalité et de l'astrologie. Or, c'est là un morceau de polémique antistoïcienne. Ainsi apparaît, comme le note Bousset, le caractère composite de ce traité, qui juxtapose des source différentes. Après avoir exposé la doctrine du Stoa, Philon donne une réfutation de sa thèse la plus contestable. L'intérêt de ce morceau est, comme l'a montré David Amand [1], qu'il constitue, avec le *De fato* de Cicéron, un des témoignages les plus anciens d'une argumentation antifataliste qui remonte au platonicien Carnéade, l'adversaire de Chrysippe, et qui était destinée à devenir classique chez les Pères de l'Eglise.

Ainsi, l'argumentation de Philon apparaît ici, une fois de plus, comme un document précieux sur un aspect de la philosophie de son temps. Il montre d'abord que l'opinion qui rejette sur les astres la responsabilité des actions humaines est une facile justification pour ceux qui commettent le mal (II, 77-78). Vient alors une suite de quatre arguments. Si tout est gouverné par la fatalité, il n'y a plus de responsabilité. Dès lors, il n'y a plus de coupables et on ne peut condamner les criminels (I, 79-80) : il n'y a plus ni loi, ni droit, ni justice, ni juges (I, 82). En second lieu, les lois par lesquelles sont régies les nations sont les mêmes pour tous leurs membres : elles ne sont donc pas déterminées par les horoscopes individuels (I, 84-86). Cela sera repris par Bardesane, le philosophe chrétien d'Edesse. En troisième lieu, les catastrophes anéantissent tous les individus d'une région : faut-il dire qu'ils sont nés sous la même étoile ? (I, 87). Et enfin, comment déterminer l'horoscope d'un homme, puisqu'on ignore le moment de sa conception (I, 87)... Vient alors une conclusion qui est parallèle à l'introduction. Philon

(1) *Fatalisme et liberté dans l'antiquité grecque*, pp. 81-96.

y défend l'idée d'une fin du monde. Mais il ne s'inspire pas de la conception stoïcienne d'une nécessité cosmique qui aboutit à l'ἐκπύρωσις par un desséchement progressif. La fin du monde a un caractère moral : elle est un jugement de Dieu. Cela apparaissait déjà dans I, 23. Dans la mesure où les hommes se détournent de Dieu, le mal croît dans le monde (I, 89). « De quel droit le monde prétendra-t-il persister, quand la providence a donné tant de preuves de sa longanimité. Les éléments du monde persistent contre leur gré, dans la crainte et le tremblement devant la colère de la providence. Et les anges préposés au monde l'abandonneront, quand il sera frappé par le jugement qu'il mérite... La beauté du monde lui est retirée. Et avec le monde périt l'homme, citoyen du monde, vaincu par le mal (1, 90). »

Il semble bien que dans ce passage étrange, l'idée stoïcienne de la fin du monde soit interprétée dans la perspective juive du Jugement. Mais plusieurs éléments curieux sont à noter. Le premier est la vue pessimiste d'une croissance du mal, d'une apostasie générale [1]. Elle rappelle les vues des apocalypses juives de ce temps. On notera aussi l'idée des éléments supportant contre leur gré les péchés des hommes, qui rappelle *Rom.*, VIII, 20. Enfin le thème des anges, chargés de l'administration de la création terrestre et qui l'abandonnant se retrouvera dans toute une tradition chrétienne [2].

Les deux traités que nous avons étudiés jusqu'ici sont des recueils à peine élaborés où nous trouvons l'écho de l'enseignement philosophique reçu par Philon à Alexandrie. La question se pose autrement pour deux ouvrages, le *De Providentia II* et le *De animalibus*. Il s'agit encore d'œuvres purement philosophiques qui sont un écho des discussions du temps entre les écoles. Mais la forme est différente. Il s'agit de dialogues à la manière platonicienne. Ces textes sont intéressants par les données qu'ils nous apportent sur Philon — et qui garantissent leur authenticité. Le *De animalibus*,

(1) Voir J. DANIÉLOU, *Le comble du mal*, Mél. Lortze.
(2) Voir J. DANIÉLOU, *Les anges et leur mission*, pp. 148-151.

nous l'avons vu, oppose Philon et son frère cadet Lysimaque. Son neveu Tibère Alexandre y joue un rôle important. Les autres dialogues opposent un Alexandre à Philon. L'identité du personnage est discutée. Mais le rapprochement avec le *De animalibus* me ferait pencher pour Tibère Alexandre. On voit généralement dans ces dialogues des ouvrages de jeunesse de Philon. Toutefois, Pohlenz a contesté cette opinion. Il y voit l'expression d'un des aspects de Philon dans sa maturité. Cette vue nous paraît tout à fait valable. Elle est confirmée par les données chronologiques fournies par le *De animalibus*. Comme nous l'avons vu, il y est question du neveu de Philon et de ses fiançailles. Si Tibère Alexandre est né vers 10, le dialogue a donc lieu vers 35. Tibère Alexandre a déjà accompli une mission à Rome. Philon est donc âgé de près de cinquante ans. Il est en pleine maturité. C'est l'époque où il joue un rôle important à Alexandrie. Il est amené à avoir des relations avec les milieux païens. Cela nous paraît beaucoup mieux convenir à sa maturité qu'à sa jeunesse, où ses préoccupations sont plus mystiques et où il est moins mêlé au monde. On observe, d'ailleurs, que ces divers traités, y compris le *De incorruptibilitate* et *De Providentia*, ont des contacts avec l'*Explication des Lois*, destinée aux païens, et qui nous paraît de l'époque qui va de 30 à 40.

Cela nous amène à souligner un point important, l'étroitesse des relations de Philon avec les milieux païens dans sa maturité. Nous ne devons pas oublier les contacts étroits de sa famille avec les milieux romains officiels. En réalité le milieu de Philon est en grande partie paganisé. Et, en particulier, son neveu Tibère Alexandre apostasiera et embrassera la religion païenne. Or, précisément, nos deux dialogues mettent en scène Tibère Alexandre. Nous pouvons y voir l'écho des discussions qu'il a eues en fait avec son neveu, dont la formation avait été principalement païenne et qui était gagné par les idées philosophiques du temps — et semble-t-il par l'épicurisme, ainsi que l'atteste sa critique de la Providence et son matérialisme.

Ainsi, sous une forme différente, c'est bien encore l'écho de la philosophie du temps que nous trouvons ici. Le *De Providentia II* nous montre Alexandre abordant Philon tard dans la soirée, alors que l'obscurité est déjà tombée. Il n'a pas dormi la nuit précédente tant son esprit était agité par une discussion sur la Providence. Cela ne suppose aucunement l'existence d'un ouvrage antérieur, mais représente seulement une mise en scène. Alexandre rassemble toutes ses objections contre la Providence, dont nous avons déjà rencontré une bonne partie dans le *De Providentia I*. Les méchants sont prospères et les bons, malheureux : que dirait-on d'un législateur qui gouvernerait ainsi ? (II, 3). Et il cite comme exemples Polycrate et Denys d'un côté, Socrate et Zénon de l'autre. Philon répond en montrant la patience de Dieu à l'égard des coupable (II, 15), le néant des biens terrestres (II, 24), l'utilité des tyrans comme bourreaux (II, 31).

Alexandre cite alors contre la Providence le fait que les poètes nous montrent les dieux accomplissant des forfaits sans nombre. Saturne, fils d'Ouranos, mutile son père (II, 35), Jupiter, dépossédant Saturne, le jette dans le Tartare ; Mars est adultère, Mercure voleur (II, 39). La réponse de Philon est ici intéressante. D'abord il recommande de s'arrêter de préférence chez les poètes à ce qui est le plus estimable (II, 40). Puis il montre qu'il faut interpréter allégoriquement leurs récits : « Il faut rapporter au feu ce qui est dit de Vulcain, à l'air ce qui concerne Junon, au verbe ce qui se rapporte à Hermès » (II, 42). Si l'on n'observe pas « les règles de l'allégorie », on tombe dans l'absurdité. Or, c'est là l'interprétation que donnaient précisément des stoïciens comme Cornutus et que Philon lui-même appliquera à la Bible. Enfin, il ne faut pas vouloir que les poètes soient philosophes ; chacun doit rester dans ses limites (II, 42).

Intéressante, d'un autre point de vue, est la discussion suivante. Alexandre affirme que ni les lois de l'esprit, ni le lieu, ni le temps, ni le vide affirmés par les stoïciens ne sont créés par Dieu [1]. A quoi se réduit alors la providence ? (II, 52-54). Or, Philon ne conteste pas cette affirmation. Il accepte donc ici la position aristotélicienne. Mais il montre l'action de la providence dans l'organisation du monde (II, 55-58). Mais dit Alexandre, cette disposition des éléments est le fait d'un déterminisme. D'ailleurs, elle ne présente aucune finalité. A quoi sert l'immense étendue de la mer (II, 60-61) ? Philon répond que les propriétés des éléments sont l'œuvre de la providence (II, 62). Quant à la mer, elle sert, à nourrir les dieux et les hommes : les dieux par l'évaporation qui alimente le soleil et les étoiles ; les hommes par la rosée répandue sur la terre (II, 64-65). De plus, la mer sert à la navigation (II, 66). L'idée que le soleil est alimenté par la mer vient d'Héraclite (PLUTARQUE, *Plac.* II, 17) et avait été reprise par Posidonius (MACROBE, *Saturn.*, I, 23).

La fin de l'ouvrage est dans le prolongement de ces dernières remarques. Alexandre fait allusion successivement aux désordres du ciel (effacement de la lune, éclipses) (11, 71) [2], aux vents qui causent les naufrages (II, 87), à la pluie qui tombe sur la mer (II, 88), aux pestes, famines et inondations (II, 90), aux serpents (II, 92). En cours de route, d'intéressantes allusions sont faites aux connaissances scientifiques du temps : ainsi des explications de la voie lactée, considérée comme reflet de la lumière des étoiles [3], comme jointure du ciel, comme ancien chemin du soleil, comme sentier des troupeaux de Géryon, comme lait des mamelles de Junon (II, 89). Philon apporte les arguments contraires : les éclipses servent aux prédictions (II, 100), le venin des serpents à des usages médicaux (II, 104). D'ailleurs, les buts premiers que poursuit la Providence peuvent entraîner des accidents secondaires qu'elle ne veut pas directement (II, 79 et 102).

(1) Voir ARNIM, *Stoic. vet. fragm.*, II, 158, pour cette énumération.
(2) Voir PLUTARQUE, *De Iside et Osiride*, 49.
(3) C'est la définition de Posidonius (MACROBE, *Com. Somn. Scip.*, I, 15).

L'intérêt du dialogue dans sa dernière partie tient surtout à toutes les données concernant la science du temps que nous y rencontrons. Cette curiosité est caractéristique de l'époque. On la retrouve dans le traité *Du monde*. Elle avait été particulièrement mise à la mode par Posidonius. C'est également cette documentation qui fait l'intérêt du *De animalibus*. Le thème de la discussion, l'âme des bêtes, est un sujet scolaire. Philon semble bien ne s'y engager qu'en tant qu'il expose une opinion reçue : « Je suis interprète, non un maître. Ceux qui communiquent leur propre savoir aux autres parlent en docteur ; mais ceux qui rapportent exactement ce qu'ils ont entendu dire aux autres sont des interprètes » (7).

Comme le dialogue précédent, celui-ci fait allusion à une discussion antérieure. Tibère Alexandre, qui est encore un jeune homme (adolescens) a fait dans une assemblée où il y avait des Romains et des Alexandrins un brillant exposé où il développait l'idée que les bêtes ont des âmes. Lysimaque a un texte de la conférence. Il le lit à Philon. Cet exposé est un recueil d'anecdotes curieuses sur l'intelligence des animaux, qui présente beaucoup de contact avec l'*Histoire naturelle*, de Pline l'ancien, qui est de peu postérieure : on y voit des perroquets qui saluent les hauts personnages, des chevaux calculateurs ; on exalte l'habileté des araignées et des abeilles (19-20) ; les boucs marchent sur la corde raide et jouent à la balle ; des éléphants apprennent à signer de leur nom ; certains animaux peuvent être présentés en modèles de vertu, mais d'autres sont luxurieux, lâches ou cruels (66).

Il ne s'agit donc pas d'une vraie discussion philosophique, mais d'un morceau brillant d'érudition. La réponse de Philon va à distinguer ce qui est simplement instinct de ce qui manifeste intelligence. Il reprend les exemples d'Alexandre et les discute. Mais l'intérêt du *Dialogue* est qu'il rentre dans un genre littéraire très apprécié à l'époque, celui des anecdotes sur les animaux. Pline l'Ancien leur consacrera son *Histoire naturelle*, Sénèque ses *Quæstiones naturales*. En domaine grec, Alexandre de Myndos écrivait vers le même temps que Philon son *Histoire des animaux* et son *Recueil de Merveilles*, qu'utilisera Elien au siècle suivant. Ici encore, Philon nous apparaît comme le simple témoin de la culture alexandrine de son temps et des thèmes qu'elle affectionnait.

## III

### PHILON ET LA POLITIQUE ROMAINE

Les deux personnages que nous avons décrits jusqu'à présent à travers l'image que nous en donne Philon étaient le moine juif et le philosophe grec. Le troisième est l'empereur romain. Telles sont, en effet, les composantes du monde dans lequel il a vécu. Et tels sont aussi les milieux que le cosmopolitisme de sa famille lui a fait fréquenter. La question que nous abordons ici n'est donc pas celle des idées politiques de Philon, pas plus que, dans le paragraphe précédent nous ne nous sommes souciés de ses idées philosophiques. Nous verrons cela plus tard. Nous l'interrogeons pour le moment sur le monde qu'il a connu. Or, ici, Philon va nous apparaître sous un aspect nouveau, comme un témoin de l'idéologie impériale.

Nous avons vu que, dans l'*Ambassade à Caïus*, écrite sous Claude et peut-être adressée à cet empereur, Philon nous rapporte le rôle politique qu'il a joué dans les derniers mois du règne de Caligula. Mais la première partie de l'ouvrage commence par un portrait de celui-ci, qui est un document historique de premier ordre et apporte des détails qui ne sont ni dans Suétone ni dans Dion Cassius. Ainsi raconte-t-il que le jeune Tibère, petit-fils de l'empereur de ce nom et cousin de Caligula, fut acculé par celui-ci au suicide et non assassiné. Il nous donne de nombreux détails sur le rôle de Macron et de sa femme Ennia dans l'élévation de Caligula et sur la façon dont celui-ci les amena à se supprimer. Philon se trouvait à Rome au lendemain de ces événements. Il a connu des hommes qui y avaient été étroitement mêlés, en particulier Hérode Agrippa Ier. Son témoignage est donc d'un grand prix.

Mais ce qui nous intéresse ici est non le détail historique, mais l'idéologie impériale. C'est, en effet, avec Caligula que prend toute son ampleur à Rome la doctrine qui fait de l'empereur un demi-dieu. Et nous avons vu combien cette doctrine fut source de conflits avec les Juifs avant de l'être avec les chrétiens. On sait que Caligula était environné de serviteurs égyptiens, qui l'entouraient de leurs flatteries. La doctrine de la divinité du roi était traditionnelle en Egypte. On peut se demander si elle n'a pas été suggérée à l'empereur par les flatteries de ses courtisans[1]. Mais, par ailleurs, nous rencontrons chez certains néo-pythagoriciens du $1^{er}$ siècle avant J.-C., Diotogène, Sthénidas ou Ecphante, un portrait du roi où celui-ci est considéré comme d'une autre espèce que le reste des hommes[2]. Ces auteurs peuvent avoir été influencés par l'idéal égyptien. On les connaissait dans les milieux romains. Caligula, devenu demi-fou, a pu vouloir donner une signification littérale à leurs spéculations.

C'est dans ces perspectives que prennent toute leur importance les idées que présente Philon dans l'*Ambassade*[3]. Elles nous permettent de suivre l'évolution de l'idéologie impériale dans l'esprit de Caligula. Un premier passage, en effet, nous montre l'idéal royal, tel que les néo-pythagoriciens le concevaient. C'est un discours de Macron : « Il faut que tu ne sois semblable à aucun des autres hommes..., mais tu dois te souvenir partout de ta dignité (ἡγεμονία), comme un pasteur (ποιμήν) et un chef de troupeaux... Que ne doit pas faire celui qui pratique l'art le plus élevé et le plus grand ? Car le pouvoir est le plus grand et le meilleur de tous les arts. C'est par lui que le sol bon et profond des plaines est cultivé, que la mer est sillonnée avec sécurité par les grands vaisseaux par lesquels s'échangent les produits des diverses contrées... Placé par la nature sur la poupe au point le plus haut et ayant en main le gouvernail, conduis

---

(1) A. Piganiol, *Histoire de Rome*, 1939, p. 249.
(2) L. Delatte, *Les traités de la royauté d'Ecphante, Diotogène et Sthénidas*, 1942, p. 151 et suiv.
(3) Brehier, *op. cit.*, pp. 19-20.

le vaisseau du genre humain de façon salutaire (σωτηρίως), mettant ta joie et tes délices à faire le bien (εὐεργετεῖν) de tes sujets (7, 43-50) ».

Il y a dans ce texte des traits qui sont courants depuis le *Lois* de Platon : ainsi la comparaison du roi à un pilote ; mais d'autres évoquent plus directement les théoriciens néo-pythagoriciens : le roi ne doit être semblable à aucun autre ; il est à la nature humaine tout entière ce que Dieu est à l'univers ; le pouvoir est le plus haut de tous les arts. Bréhier peut écrire qu'on croirait le discours de Macron emprunté à Diotogène (*loc. cit.*, p. 22). Et Goodenough se rallie entièrement aux conclusions de Bréhier, sauf qu'il voit dans cette idéologie royale une doctrine déjà largement répandue alors dans le monde hellénistique [1]. On remarquera, en particulier, dans le discours de Macron les mots σωτηρίως et εὐεργετεῖν. Le roi est le σωτήρ, celui qui préserve l'univers de la ruine [2]. Macron lui attribue la prospérité de l'agriculture et du commerce. Il est aussi l'Evergète, la source des biens. Philon rapproche plus haut les deux termes (4 ; 22). On ajoutera que Philon s'est inspiré de cette idéologie néo-pythagoricienne dans le portrait qu'il donne de son idéal dans sa *Vie de Moïse* [3].

C'est cette idéologie que nous retrouvons, mais déformée, dans l'idée que Caligula se fait de la royauté. L'intérêt pour nous est qu'à travers cette déformation bien des traits de l'idéologie du temps se laissent reconnaître. Cela est vrai déjà du discours que Philon lui prête en réponse à Macron. On y voit paraître l'idée que le roi n'a à être enseigné par personne. Cette science est le privilège de la race royale. Caligula déclare d'abord qu'il la tient de la lignée royale à laquelle il appartient. Mais il va plus loin. Il y a « certaines aptitudes royales (βασιλικαὶ δυνάμεις) des princes qu'ils possèdent dès leur conception. En effet, de même qu'il y a des

(1) *The politics of Philo-Judaeus*, p. 46. Voir dans cette même page les données bibliographiques.
(2) *Id.*, p. 97.
(3) BREHIER, *loc. cit.*, p. 21.

ressemblances de corps et d'âme quant à la forme du corps, aux habitudes, aux gestes, aux desseins, aux actes qui sont conservés héréditairement (ἐντοῖς σπερματικοῖς λόγοις), ainsi il est normal que soient préformées dans la semence elle-même les dispositions à la royauté. Aussi quelqu'un osera-t-il m'enseigner, moi qui dès avant ma naissance et encore dans le sein de ma mère, ait été formé empereur (αὐτοκρατώρ) dans le creuset (ἐργαστήριον) de la nature. Comment un simple particulier se penchera-t-il sur les secrets d'une âme royale (ἡγεμονική) et osera-t-il se faire hiérophante (ἱεροφαντεῖν) et initiateur (τελεῖν) des choses royales alors qu'il est à peine inscrit parmi les initiés (μυσταί) » (8 ; 53-57).

Ainsi les rois forment-ils une race à part, qui a des traits propres, transmis héréditairement et non par l'éducation. On remarquera la couleur stoïcienne du morceau, avec l'allusion aux λόγοι σπερματικοί. Il y a donc des semences de royauté comme des autres réalités. On notera aussi l'expression ἐργαστήριον τῆς φύσεως. Elle se retrouve dans le traité *Sur l'incorruptibilité*, comme citation d'un auteur inconnu (12, p. 21), ainsi que dans la *Vie de Moïse* (II, 84) et l'*Explication des Lois* (III, 33, 109). Elle souligne que la pensée du discours est bien de Philon.

Seule, cette race royale possède les secrets de la science du gouvernement. Ceux-ci sont un mystère caché au commun des mortels. Le roi en est le hiérophante et l'initiateur. La royauté prend ici un caractère sacré. Le roi apparaît comme appartenant non seulement à un monde plus élevé que le commun des hommes, mais à une sphère proprement divine. Goodenough remarque que ce passage est « un exposé de philosophie royale courante dans la forme où Philon pouvait en user dans son allégorie des patriarches et qu'il admettait en théorie pour les rois. Mais quand Caïus fonde ses prétentions non sur sa position officielle, mais sur sa nature et sa conformation particulière, Philon le regarde comme sacrilège [1] ».

Après la mort de Macron, Caïus rencontra un autre mentor

---

(1) *Politics of Philo Judaeus*, p. 106.

dans la personne de son beau-père Silanus (9 ; 62). Mais il n'en accepta pas davantage les conseils. Parmi les raisons qu'en donne Philon, l'une est pour nous intéressante. Caligula prétendait qu'il était « le plus sage, le plus tempérant, le plus fort et le plus juste de tous les hommes » (9 ; 64). On reconnaît, ici, les quatre vertus aristotéliciennes. L'idéologie royale avait comme thème que le roi devait être le plus vertueux des hommes. C'est un thème que Philon reprend fréquemment. Le roi est d'abord celui qui commande à ses passions. Et c'est parce qu'il est le modèle des vertus qu'il mérite de servir de règle aux autres [1]. Mais on voit le renversement que Caligula opère. Les pythagoriciens disaient : le sage est roi. Caligula déclare : le roi est sage. C'est parce qu'il est roi qu'il possède toutes les vertus. Ainsi la conception que Caligula se fait de la royauté est le miroir déformant où nous retrouvons l'idéal hellénistique du roi transposé dans une conception caricaturale. Le thème est le même, mais l'application est totalement différente.

Cette déformation atteint son sommet dans le passage extraordinaire où Caïus s'affirme égal aux dieux. En réalité, il ne fait, ici encore, que reprendre une théorie courante, Diotogène expliquant que le roi est un imitateur [2] de Zeus. Et nous verrons Philon, dans la réponse qu'il fait à la thèse de Caligula, ne pas mettre en question le principe, mais contester seulement l'application. La doctrine de Caligula est donc, ici, encore un témoin de l'idéologie royale courante, mais utilisée comme une justification des prétentions les plus extravagantes. Nous avons donc le droit de chercher ici encore, comme Bréhier l'a bien montré, dans les théories de Caligula l'expression déformée d'une idéologie royale qui était celle de la philosophie du temps et sur laquelle Philon nous apporte un témoignage.

Il faut citer le texte étonnant : « Si les bergers des autres vivants, pasteurs, chevriers et pâtres ne sont ni des bœufs,

---

(1) Voir GOODENOUGH, loc. cit., p. 91.
(2) BRÉHIER, loc. cit., p. 19.

ni des chèvres, ni des brebis, mais des hommes ayant obtenu un sort et une condition plus élevée, de la même manière il faut croire que moi aussi, comme chef du troupeau de la race la plus haute qui est celle des hommes, je lui suis supérieur et non plus de l'ordre humain, mais d'une condition plus haute et divine » (11 ; 76). Et ainsi, « il ne pouvait plus demeurer dans les limites de la nature humaine, mais il la dépassait, cherchant à ce qu'on le tînt pour un dieu » (11 ; 75). Or, Bréhier a bien montré que « Philon admet pour son compte le raisonnement qu'il prête à Caligula, lorsque ce mauvais empereur s'assimile aux dieux. Ces paroles ne sont d'ailleurs qu'une représentation à peu près exacte d'un passage de Platon (Leg., IV, 713 d) »[1]. Ce n'est donc pas le principe que la royauté ait quelque chose de divin que conteste Philon. Ceci il le redit avec son temps [2]. Et il le transposera en Moïse [3]. Mais ce qu'il critique est l'application que s'en fait Caligula.

Cette application devient une folie, quand Caligula finit « par croire accomplies en lui les fictions des mythes et manifeste en public cette impie divinisation (ἐκθέωσις) de sa personne » (11 ; 77). Philon nous décrit alors, ce que nous savons d'autre part par Suétone, Caligula se produisant en public revêtu des attributs des dieux. « Il affecte d'abord de se rendre semblable à ceux qu'on appelle demi-dieux, Dionysos, Héraclès et les Dioscures, Trophonios, Amphiaraos, Amphilochos et les autres. Il se moquait de leurs oracles et de leurs fêtes, comparés à ses propres pouvoirs. Puis, comme sur la scène, il revêtit successivement les attributs de ces diverses divinités : tantôt il se déguisait en Hercule, avec la massue et la peau de lion, mais l'une et l'autre en or ; tantôt, pour représenter les Dioscures, il se coiffait du bonnet phrygien ; tantôt il figurait Dionysos avec la couronne de lierre, le thyrse et la nébride » (11 ; 71-79). Cela est confirmé par Suétone : « Son

---

(1) Loc. cit., pp. 21-22.
(2) « Caligula ne faisait que s'appliquer la théorie hellénistique ». (GOODENOUGH, loc. cit., p. 107).
(3) Voir LACOMBRADE, Le discours sur la royauté de Synésios de Cyrène, p. 92.

entourage lui ayant représenté qu'il s'était élevé au-dessus des princes et des rois, dès ce moment, il s'arrogea la majesté des dieux (IV, 22)... Souvent on le vit avec une barbe dorée, tenant en main les attributs des dieux : la foudre, le trident ou le caducée » (IV, 52) [1]. Nous noterons qu'à cette occasion Suétone rapporte que Caligula, entendant, un jour, plusieurs rois discuter entre eux, leur cita le vers d'Homère : « Qu'il n'y ait qu'un chef, qu'un roi (εἷς βασιλεύς) (II., II, 204). » Et l'un des rois répondit qu'il était au-dessus même de la royauté. Or il est curieux de noter que le vers d'Homère est cité par Philon (Conf., 170) et par le *De mundo* 6 [2]. Il constituait un des éléments de l'idéologie royale. Le *De mundo* y voit l'expression de la monarchie divine. Mais l'unité de l'humanité sous un seul empereur apparaît comme le reflet créé de cette monarchie. Eusèbe reprendra plus tard cette conception pour l'appliquer à l'empire chrétien. Mais l'époque de Philon est celle où elle s'ébauche. On ajoutera que Dion Cassius nous dit que le roi qui déclara à Caligula que sa royauté était d'une autre essence que celle des rois, était Hérode Agrippa Ier. Tout ceci nous montre combien ces spéculations sur l'idéologie royale tenait de place dans le milieu auquel Philon appartenait.

Il reste qu'aux prétentions de Caligula à s'affirmer comme un demi-dieu et plus qu'un demi-dieu, Philon oppose une dénégation. Mais, là encore, il reste dans l'idéologie royale païenne [3]. En effet, ce qu'il rétorque à Caligula, c'est que plutôt que de revêtir les attributs extérieurs des dieux, il aurait dû imiter leurs vertus. Ainsi, Héraclès a purifié le monde des monstres qui lui nuisaient, Dionysos a donné le vin qui réconforte les âmes et les corps, les Dioscures corrigèrent « l'inégalité, qui est la source de l'injustice » (11 ; 81-85) [4]. De même, quand Caligula prétend s'égaler aux grands dieux eux-mêmes,

(1) Pour le caducée, voir *Leg.*, 13, 94.
(2) Voir E. PETERSON, *Theologische Traktate*, pp. 52-57.
(3) Sur l'usage des titres des dieux donnés aux Empereurs, voir DELATTE, *loc. cit.*, p. 145-158.
(4) Sur l'ἰσότης, voir GOODENOUGH, *op. cit.*, p. 87.

ici encore, il eût dû imiter leurs vertus (13 ; 93-15 ; 113). On a remarqué l'éloge que Philon fait dans ces passages des divinités païennes. Il est clair que cela tient à ce qu'il développe une idéologie empruntée au paganisme de son temps et qu'il ne reprend pas à son compte. Il est témoin de l'idéologie royale du temps.

Tout cela nous permet de conclure que Philon constitue pour nous un précieux témoin de l'idéologie royale telle qu'elle se constitue de son temps. Cette idéologie avait été élaborée au premier siècle avant notre ère par les néo-pythagoriciens d'Alexandrie pour exalter les dynasties des Lagides et des Séleucides. Mais avec l'Empire romain une question nouvelle se pose. L'idée d'une monarchie universelle se répand. On commence à transposer à l'empereur de Rome l'idéologie néo-pythagoricienne en la complétant par une conception de la monarchie que le *De mundo* interprétait théologiquement de l'unité de Dieu et qu'on transpose au plan politique. Du développement de cette idéologie Caligula apparaît comme un témoin, Philon en est un autre : l'un et l'autre sont l'écho de spéculations qui se développaient alors dans l'empire romain.

Cette idéologie, Philon l'a-t-il reprise à son propre compte ? Il est certain que le portrait qu'il nous fait du roi idéal dans la *Vie de Moïse* ou du procurateur idéal dans le *De Josepho* s'en inspire [1]. Mais il en est ici comme de la sagesse et de la philosophie. Philon a connu une sagesse païenne, une philosophie grecque, un impérialisme romain. Son œuvre porte des traces évidentes de leur influence. Mais il ne les a pas adoptées telles quelles. Son but est, dans les ouvrages apologétiques qui ont fourni leur matière à ce chapitre et qui sont adressés aux païens, de montrer à ceux-ci que l'idéal qu'ils expriment se trouve en réalité réalisé chez les Juifs : ainsi le vrai sage selon le Portique, c'est le moine essénien ; la vraie philosophie selon le néo-aristotélisme, c'est celle de la Bible ; le vrai politique selon le néo-pythagorisme, c'est Moïse. Philon reste

(1) Voir HEINEMANN, *Philons griechische und jüdische Bildung*, p. 201.

profondément juif. Comme l'a bien vu Wolfson, il réforme la pensée grecque selon les exigences de la foi juive. Mais avant d'aborder sa pensée personnelle, comme nous le ferons maintenant, il importait de le situer par rapport au monde dont il a reçu l'héritage.

Avant de quitter ces différents acteurs du milieu où Philon a vécu, nous pouvons nous demander si les œuvres que nous avons étudiées et qui les décrivent explicitement sont les seules où il soit question d'eux. Il n'en est rien. En réalité, nous les retrouverons souvent en étudiant l'œuvre personnelle de Philon. Celle-ci, en effet, est une interprétation symbolique de la Bible. Mais ce symbolisme a pour but de détacher les personnages qu'elle décrit de leur contexte historique pour en faire des types universels. Aussi, l'œuvre de Philon est continuellement remplie d'allusions aux mœurs de son temps. C'est un de ses aspects les plus pittoresques et qui devait lui donner le plus de saveur pour ses auditeurs et ses lecteurs. Derrière les personnages de la Bible, ils reconnaissent des figures qui leur étaient familières : Joseph est le politique, Abraham le philosophe, Jacob l'ascète. En réalité, dans cette œuvre qui paraît au lecteur remplie d'allégories abstraites, Philon a fait passer une expérience extraordinaire de la vie et qui devait la rendre étonnamment réelle à ses contemporains. Nous ne devons pas l'oublier en étudiant ses cheminements.

# CHAPITRE III

# LA BIBLE A ALEXANDRIE

Nous avons, dans le chapitre précédent, étudié l'image que Philon nous donne de son temps à travers ses ouvrages apologétiques. Mais, si l'activité de Philon nous paraît avoir été multiple, il reste que l'essentiel de son œuvre est constitué par l'interprétation de la Bible et, presque exclusivement, du Pentateuque. Philon est un juif croyant, pour qui toute vérité est contenue dans la parole de Dieu. C'est à la Bible qu'il demande la vraie sagesse, la vraie philosophie, la vraie politique. Philon nous apparaît ainsi comme un témoin très important de l'exégèse de la Bible à l'époque du Nouveau Testament. Nous étudierons donc dans ce chapitre son œuvre biblique, sa méthode d'interprétation, sa place dans l'histoire de l'exégèse alexandrine. Il nous restera ensuite à exposer la théologie et la mystique qu'il dégage du texte sacré.

## I

### L'ŒUVRE EXÉGÉTIQUE DE PHILON

L'œuvre de Philon, en ce qui concerne la Bible se compose de trois grands commentaires du Pentateuque, l'un plus littéral, l'*Explication de la Loi*, le second plus allégorique, l'*Allégorie des Lois*, le troisième réunissant les diverses exégèses, les *Quæstiones*. Ces trois commentaires correspondent-ils à trois moments de sa vie ? Les tentatives pour les ordonner chronologiquement ont abouti à des résultats contradictoires.

Massebieau place l'*Explication* d'abord, l'*Allégorie* ensuite [2]; Cohn aboutit à des conclusions inverses [1]. Aussi bien la différence entre les traités ne paraît pas venir d'une évolution de la pensée de Philon, que rien ne laisse supposer, mais, comme nous l'avons vu, de ce que l'*Allégorie* est l'écho de sa prédication à la synagogue, tandis que l'*Explication* relève d'une apologétique visant les païens. L'ordre selon lequel ils ont été rédigés a donc peu d'importance et jusqu'à présent n'a pu être déterminé.

## 1. — *L'Explication de la Loi*

L'*Explication de la Loi* comprend d'abord le traité *De la création*, qui est comme une introduction cosmologique. C'est un ouvrage important pour la théologie de Philon. Il montre dans le récit de la Genèse la création du monde intelligible préexistant (17-22), dont le Logos est l'unité. Les sept jours ne marquent pas une succession, mais un ordre. Le monde est apparu en même temps tout entier. De même, l'homme à l'image de Dieu est l'idée de l'homme créée dans le monde intelligible (69). Au contraire, le second récit de la création de l'homme correspond à la création de l'homme concret, fait de terre et d'esprit. Dans cet ouvrage, Philon mêle étroitement la cosmologie du Timée et celle de la Genèse.

Après cette introduction cosmologique, Philon présente les figures des grands patriarches, qui ont exprimé en eux la perfection de la Loi. De ces traités, il ne reste que deux, le *De Abrahamo* et le *De Josepho*. Philon explique au début du premier que « les vertus des hommes saints ont été gravées dans les Écritures sacrées pour l'instruction de ceux qui les liraient ». Ceux-ci sont en quelque sorte la Loi vécue (ἔμψυχος)[3] : « Ils

---

(1) MASSEBIEAU-BREHIER, Essai sur la chronologie de la Vie et des œuvres de Philon, *Rev. Hist. Rel.*, 1906. p. 25-64 ; 164-185 ; 267-289.
(2) Einleitung und Chronologie der Schriften Philos, *Philologus* 7 (1899), pp. 387-435.
(3) Voir W. RICHARDSON, The philonic Patriarchs as Νόμος ἔμψυχος, *Stud. Patrist.*, I, pp. 515-526.

## LA BIBLE A ALEXANDRIE

montrent, d'une part, que les commandements ne sont pas en désaccord avec la nature et qu'ils ne sont pas si difficiles. Les lois écrites ne seront que les commentaires de leur vie. » Nous trouvons ici le thème grec de la loi non écrite, à laquelle font appel Sophocle et Cicéron, et à quoi Philon ramène la Loi Juive. La vie d'Abraham est présentée comme le symbole de la conversion. Les Chaldéens prennent le monde pour Dieu (69). Au contraire, Abraham est celui à qui la transcendance de Dieu est apparue (77). L'apparition de Mambré est commentée de façon remarquable. Le personnage du milieu est Celui qui Est, les deux autres sont ses puissances, la puissance créatrice (θεός) et la puissance royale (κύριος). « L'âme toute pure atteint l'unité, les autres s'arrêtent aux ombres (120-sqq). » Il devait y avoir ensuite un traité sur Isaac et un autre sur Jacob, le parfait et le progressant, qui sont perdus. Nous en avons seulement le résumé à la fin de l'*Exposition de la Loi*. Il est possible que le traité sur Isaac ait été détruit par les chrétiens.

Le *De Josepho* constitue une œuvre assez particulière. Joseph est toujours dans Philon le type du « politique ». Dans certains traités, comme le *De Somniis* (I, 219), il est présenté de manière très péjorative. La politique est le domaine de l'opinion, des discours persuasifs, dont le but n'est pas la recherche de la vérité, mais celle de la puissance. La perspective du *De Josepho* est différente. Peut-être parce qu'ici il s'adresse aux païens, Philon décrit en Joseph' le politique, mais le politique idéal. C'est le type du Gouverneur romain tel que les Juifs le rêvaient que propose notre auteur. Il constitue la quatrième race. La formation de berger a été pour lui la meilleure préparation à devenir pasteur de peuples (2). Cela se trouve aussi dans la *Vie de Moïse*. Joseph présente encore deux autres caractères du parfait politique : il est bon administrateur et il a de l'autorité (54). On retrouve ici les thèmes de l'idéologie royale hellénistique, dont nous avons parlé.

On peut rapprocher de ces traités un ouvrage qui ne fait pas partie de l'*Explication de la Loi*, mais appartient au même genre d'exégèse, la *Vie de Moïse*. C'est une biographie de Moïse, reprise du Pentateuque, avec certains emprunts à la tradition juive. Philon s'inspire de l'idéal hellénistique. Moïse est présenté comme le type du roi idéal selon la conception pythagoricienne. C'est un enfant d'une grande beauté (I, 9). Il reçoit une éducation complète selon l'idéal hellénistique, arithmétique, musique, géométrie. Cela se retrouve dans le Discours d'Etienne dans les *Actes des Apôtres* (VII, 22). Le second livre présente successivement Moïse comme législateur, en tant qu'il donne le Décalogue, comme Prêtre et enfin comme Prophète. En tout cela, le but de Philon est de montrer en Moïse l'incarnation de l'idéal du monde hellénistique, de présenter Moïse de façon à le faire accepter des païens auxquels il s'adresse. Les éléments allégoriques interviennent dans une certaine mesure dans l'explication du tabernacle et du vêtement du grand prêtre. Mais cela est traditionnel à Alexandrie et se trouve déjà dans la *Sagesse* grecque.

Après cette série de personnages exemplaires, l'*Explication de la Loi* aborde l'étude de la Législation Juive. « Ayant exposé dans les livres précédents les vies des hommes sages que les Saints livres nous montrent comme les ancêtres de notre race et les lois non écrites. nous en venons maintenant à l'examen des lois écrites (*De Dec.*, 1). » Les principaux traités sont le *De Decalogo*, puis la série intitulée *De Specialibus legibus* qui traite successivement de la circoncision, de la monarchie (divine), du temple, des prêtres, des sacrifices, du serment. Philon aborde alors la symbolique des fêtes. C'est un des chapitres les plus intéressants du traité. Nous l'analyserons plus en détail, car il constitue un document précieux à la fois sur le judaïsme du temps et sur la méthode de Philon.

D'abord pour le sage, chaque jour est un jour de fête. Cela est une idée hellénistique, que nous retrouverons dans le christianisme. Puis Philon étudie le sabbat, à propos duquel il développe les dignités du nombre sept :

## LA BIBLE A ALEXANDRIE

« Les uns l'ont nommé Vierge en considérant sa pureté éminente ; d'autres sans mère, engendré par le seul Père de l'univers, type de la race virile. Certains l'ont appelé Jour décisif (καιρός), témoignant de son essence intelligible, séparé des choses sensibles Tout ce qu'il y a en effet dans le monde sensible de meilleur, ce qui règle l'ordre des saisons et le cycle du temps, tout cela participe du septenaire : ainsi les planètes, l'Ourse, les Pléiades et les phases de la Lune ; on pourrait l'appeler aussi jour anniversaire de la naissance du monde, puisque ce que l'hexade a engendré, l'hebdomade l'a mis au jour (II, 56). »

Ce passage est caractéristique de Philon. Le thème juif du septième jour est interprété en fonction de la symbolique pythagoricienne de l'hebdomade [1]. Nous retrouverons l'explication des mystérieuses attributions du nombre sept.

Après le sabbat, la troisième fête est la néoménie, la fête mensuelle qui suit la nouvelle lune. Puis vient la « fête des traversées que nous appelons Pâques ». Chez Philon, en effet, comme dans les LXX, Pâque est traduit par διάβασις ou διαβατήρια avec allusion évidente à la traversée de la Mer Rouge, tandis que Théodotion traduira par ὑπέρβασις, qui évoque les premier-nés des Juifs épargnés par l'ange exterminateur. D'ailleurs, Philon définit clairement la fête « mémorial et action de grâces de la sortie d'Egypte » (145). Il distingue la Pâque des Azymes, encore qu'elles soient unies ensemble. Il remarque que cette dernière fête a un double sens, l'un relatif au seul peuple juif, et qui est le souvenir de la sortie d'Egypte, l'autre concernant l'humanité tout entière, et qui est en rapport avec l'harmonie du cosmos. En ce dernier sens le symbolisme des Azymes vient de ce que la fête coïncide avec l'équinoxe du printemps et qu'elle est ainsi l'anniversaire annuel de la création :

(1) Voir A. DELATTE, *Études sur la littérature pythagoricienne*, pp. 158-222. Déjà, un siècle avant Philon, un Juif alexandrin, Aristobule, l'avait précédé dans cette allégorie du septenaire (EUSÈBE, *Prep. Ev.*, XIII, 12).

« L'équinoxe du printemps est la figure et l'image du commencement où le monde fut créé. Dieu en effet pour nous faire souvenir de la création du monde a fait le printemps. Le commencement de la fête est au milieu du mois, le 14e jour, quand la lune est dans son plein, pour montrer qu'il n'y a pas de ténèbres en ce jour, mais qu'il est plein de lumière, le soleil brillant de l'aurore au soir et la lune du soir à l'aurore. La fête dure sept jours. Le premier est le commencement de la fête et la fin du temps passé ; le septième est la fin de la fête et le commencement du temps à venir (151) ».

Enfin Philon rattache une troisième fête au groupe pascal, c'est celle qu'il appelle « les prémices des épis, la sainte gerbe ». Elle a lieu le jour qui suit le premier, donc le second des sept jours de la fête pascale [1].

Le texte parle ensuite de la Pentecôte, qui est la semaine des semaines et la fête des premiers produits de la moisson. Il précise longuement à cet égard la notion des prémices (180). Puis vient la hiéroménie ou fête des trompettes qui est la fête du nouvel an le 1er septembre. Elle est suivie de la fête du Jeûne. C'est le nom que Philon donne à la fête de l'Expiation (Kippûr) [2]. C'est pour lui la plus sainte des fêtes. Elle expie les péchés de l'année qui s'achève et obtient des grâces pour celle qui vient (196). Elle a lieu le 10 septembre (200). Enfin, la fête des Tabernacles, la Scénopégie, correspond à l'équinoxe d'automne. Philon l'interprète soit dans le sens d'une fête saisonnière, comme fête de la fin des vendanges, soit comme souvenir du voyage des ancêtres dans le désert. Elle est aussi terme et accomplissement de l'année. Tous ces symbolismes se retrouvent chez les Pères [3]. On remarquera l'absence d'allusion à la Dédicace et aux Pourim, fêtes spécifiquement palestiniennes et nationalistes, d'origine récente.

La fin de l'*Explication de la Loi* contient d'abord le *Traité*

(1) Voir PEDERSEN, *Israël*, II, pp. 303 et 410.
(2) *Act.*, XXVII, 9.
(3) Voir J. DANIÉLOU, La Fête des Tabernacles dans l'exégèse patristique, *Stud. Patr.*, 1957, I, p. 262-279.

des Vertus. Celui-ci commence avec la dernière partie du De specialibus legibus consacré à la Justice. Puis viennent les Traités de la Force, de la Bonté (φιλανθρωπία), de la Pénitence, de la Noblesse. Ils sont intéressants pour l'étude des rapports de la morale biblique et de la morale hellénistique. Nous y trouvons la première ébauche des traités sur les vertus que la théologie chrétienne continuera. Enfin après avoir montré les aspects positifs de la Loi, Philon consacre un traité aux châtiments et aux récompenses. Il n'a rien d'eschatologique. Philon y décrit les vertus des patriarches. Il leur oppose les châtiments des pêcheurs envisagés également sur un plan purement temporel.

## 2. — L'Allégorie des Lois

L'exégèse de l'*Exposition de la Loi* est proche du sens littéral. Au contraire, avec l'*Allégorie des Lois*, nous abordons une œuvre de caractère beaucoup plus symbolique. Mais, en même temps, Philon y exprime bien davantage sa pensée. C'est l'ouvrage capital aussi bien pour sa théologie que pour sa spiritualité. C'est pourquoi nous y insistons moins ici, puisque nous l'utiliserons davantage dans l'exposé systématique. Le premier traité est intitulé. *Commentaire allégorique des Saintes Lois après l'Hexahéméron*. C'est un commentaire des chapitres II et III de la Genèse. En réalité, c'est un traité d'anthropologie, inspiré surtout d'Aristote et des stoïciens dont Philon retrouve les doctrines dans l'Ecriture grâce à la méthode allégorique. La composition de l'ouvrage est très énigmatique. Il commence sans introduction, au point qu'on a pensé que le début était perdu. Mais le P. Delcuve, dans une thèse inédite, a montré que le livre avait une composition symbolique très subtile et en particulier qu'il n'avait ni commencement ni fin... Le thème essentiel est, d'une part, la distinction de l'homme intelligible ou idée de l'homme et de l'homme façonné et, par ailleurs, la doctrine de la connaissance, les rapports de l'intelligence (Adam) et de la sensation (Eve) et ceux de la volonté, l'ἡγεμονικόν, et des passions (les animaux). Tout cela se retrouvera chez Origène et Ambroise.

Ce traité, surtout philosophique, est décevant. Les ouvrages qui suivent sont les chefs-d'œuvre de Philon. Le premier est le *De Cherubim*. Les deux chérubins du récit du Paradis sont les deux puissances de Dieu, la puissance créatrice et la puissance providentielle. L'épée de feu est le Logos qui est un feu qui procure le bien et détruit le mal (28). Mais, surtout, ce traité est celui où Philon développe sa théorie de la radicale dépendance de toutes choses par rapport à Dieu : « Dieu est seul possesseur de toutes choses, la créature n'en a que l'usage. Aussi devons-nous en prendre soin, car ils seront réclamés (109-118). » Le *De sacrificiis Abel et Caïn* nous montre en Caïn le péché opposé à l'εὐχαριστία, qui est la φιλαυτία. Les trois fautes contre l'action de grâce sont l'oubli, l'orgueil, l'attitude qui consiste à attribuer la grâce à Dieu, mais à cause de nos mérites. Ceci pourrait bien être une controverse contre certains juifs. Et la raison est remarquable : « Ce n'est pas à cause de toi, mais à cause de mon alliance (διαθήκη). Or, l'alliance est désignée symboliquement par les grâces de Dieu (57). »

Le traité suivant *Que d'ordinaire le plus mauvais dresse des embûches au meilleur* (*Quod det.*) a son prétexte dans l'histoire de Caïn et d'Abel. L'idée essentielle est que l'homme ne peut connaître le Dieu invisible. Aucune âme n'est capable de connaître son créateur. Mais Dieu, pensant que cette connaissance était utile a soufflé dans l'âme quelque chose de sa divinité. C'est là ce qui explique l'aptitude de l'homme à tout comprendre. Il ne s'arrête pas au cosmos. Il y voit une limite à sa course sans repos. Mais il ne pourrait le dépasser, « si une étincelle de l'esprit divin et bienheureux ne lui était pas communiquée » (89-90). Le *De posteritate Caïni* contient un des deux textes capitaux de Philon sur la théologie négative, textes dont dépendra directement Grégoire de Nysse : « Lorsque l'âme amie de Dieu cherche ce qu'est l'être par essence, elle entre dans une recherche sans forme et invisible dont elle retire le plus grand de tous les biens, à

savoir, de saisir que Dieu est insaisissable dans son être et de voir cela précisément qu'il est invisible (ἰδεῖν ὅτι ἐστὶν ἀόρατός) » (15-16).
Le *De Gigantibus* se rapporte à *Genèse* VI, 2. C'est un traité des Anges. « Le Démiurge s'en sert comme de serviteurs pour l'administration des choses mortelles (12). » Le *De ebrietate* nous conduit à Noé ainsi que le *De sobrietate*, le *Quod Deus est immutabilis*, le *De plantatione* et le *De agricultura*. Le *De confusione linguarum* est surtout un traité du Logos, qui est appelé « premier-né, le plus ancien des anges, archange aux noms variés, principe, verbe, homme à l'image, voyant (Israël) » (146). Le *De migratione Abrahami* est un texte capital au point de vue spirituel [1]. Il faut le distinguer du *De Abrahamo* qui appartenait à l'autre cycle. Le grand thème est celui de la « sortie » comme origine de la vie spirituelle :

« Dieu voulant purifier l'âme de l'homme lui donne comme point de départ pour le salut une triple migration : hors du corps, hors des sens, hors du discours (λόγος κατὰ προσφοράν)... On campe alors dans la terre paternelle, celle du Logos sacré et père des combattants. C'est la Sagesse, la demeure des âmes vertueuses. Dans cette contrée se trouve la race qui possède la science infuse, dont le nom est Isaac. Là se trouve la source de tous les biens. l'union au Dieu de la grâce (φιλόδωρος) (28-30). »

Le traité : *Qui est l'héritier des choses divines* est important également pour la connaissance de la doctrine du Logos :

« C'est au Logos, chef des anges et très ancien, que le Père créateur de toutes choses a donné le don excellent de se tenir à la frontière du monde de la créature et de celui de créateur. C'est lui qui intercède pour la race mortelle toujours déclinante auprès de l'incorruptible et qui est le messager du Seigneur auprès de ses serviteurs (205). »

---

(1) Texte et traduction française par R. CADIOU (Sources chrétiennes, 1957).

On y trouve aussi une riche doctrine spirituelle sur l'ἡσυχία le recueillement (14). Le *De Congressu eruditionis et gratiæ* concerne le mariage d'Abraham et d'Agar. Agar est la figure de la culture profane, de la παιδεία. C'est le texte capital sur la conception que Philon se fait de la culture profane. Les traités suivants continuent de suivre la vie d'Abraham. Ce sont le *De fuga et inventione* (histoire d'Ismaël) et le *De mutatione nominum*. Enfin les deux traités : *De Somniis* se rattachent aux songes de Joseph. Nous y rencontrons d'abord une théorie très complète des songes. On sait que c'était un sujet de prédilection de la science hellénistique. Par ailleurs, c'est un texte précieux sur la mystique de Philon. Il y rapporte comment il recevait parfois des inspirations :

« Mais voici que le pneuma qui a l'habitude de me visiter invisiblement me souffle : Sache, ô ignorant, que j'ai déjà instruit abondamment de bien des choses, que Dieu seul est la paix véritable et que l'être créé est une guerre continuelle (II, 253)... Lorsque l'esprit, possédé par l'amour (ἐρώς) divin s'élance vers les demeures mystérieuses (ἄδυτα), rempli par Dieu, il oublie non seulement les autres choses, mais lui-même et ne se souvient plus que de celui qu'il accompagne et qu'il sert. Il adhère à lui seul. Il lui offre en guise d'encens les vertus saintes et pures (II, 232). »

### 3. — Les Quæstiones

Le dernier groupe des écrits philoniens est constitué par un troisième commentaire du *Pentateuque* qui diffère des deux autres par la forme et par l'esprit. Ce sont les *Quæstiones* sur la Genèse et l'Exode. Il s'agit non d'un commentaire suivi, mais de passages plus difficiles dont on donne l'interprétation. Nous ne possédons plus les *Quæstiones* qu'en arménien. Aucher en a donné en 1830 une traduction latine. Elles n'ont pas été reprises par Cohn dans son édition. Mais Ralph Marcus en a donné en 1953 une traduction anglaise accompagnée d'une précieuse annotation. C'est un texte capital, où Philon donne le plus ésotérique de sa pensée. Par ailleurs, le grand intérêt est que, pour chaque passage, il expose d'abord les interprétations littérales et allégoriques données avant lui. C'est donc en même temps un ouvrage précieux pour l'histoire de l'exégèse allégorique avant Philon.

## II

### LA BIBLE DE PHILON : LES LXX

La traduction grecque de la Bible, dite des LXX, est le fondement de la culture religieuse judéo-hellénistique. C'est là que se constitue le langage qui sera celui de Philon, mais aussi du Nouveau Testament, et des Pères Grecs [1]. On sait la légende, rapportée par la *Lettre d'Aristée*, des 72 vieillards chargés par Ptolémée Philadelphe, au IIIe siècle, de faire la traduction du Pentateuque. En réalité, nous savons seulement que cette traduction fut faite à Alexandrie vers cette époque. Les autres livres de l'Ancien Testament, ont été traduits pendant les deux siècles suivants par des auteurs variés, comme on peut le constater par les différences de traduction pour les mêmes mots. Les versions sont aussi très inégales du point de vue de la valeur littéraire. Des tentatives ont été faites pour déterminer l'ordre de traduction [2].

Quoi qu'il en soit de cette diversité, les LXX forment un ensemble que l'Eglise chrétienne a considéré comme la traduction officielle de la Bible. Mais en était-il ainsi pour les Juifs ? Nous savons qu'au premier et au second siècle de notre ère il y aura de nouvelles traductions, celle d'Aquila, en Palestine, celle de Théodotion, en Asie Mineure, et celle de Symmaque chez les Judéo-chrétiens. Mais il semble qu'il en a été ainsi bien avant. En effet, chez Philon, les mêmes passages de l'Ancien Testament sont traduits tantôt selon

(1) Voir C. H. Dodd, *The Bible and the Greeks*, Oxford, 1935
(2) Voir P. Katz, Septuaginta Studies in the mid-century, *The background of the N. T. and his eschatology* (Studies in honour of C.-H. Dodd), Cambridge, 1956, pp. 176-208.

les LXX, tantôt selon une autre traduction. Peter Katz a soutenu récemment que cette autre traduction représentait une révision tardive par un chrétien de l'Ecole d'Antioche [1]. Mais une autre hypothèse est possible. Paul Kahle soutient en effet qu'il n'y a jamais eu de traductions officielles de la Bible chez les Juifs [2]. Le seul texte officiel était le texte hébreu. Reprenant une idée de Manson, il pense que, dans les réunions synagogales, on lisait toujours le texte hébreu d'abord, et qu'ensuite on le traduisait. La situation aurait été la même que dans l'Eglise d'aujourd'hui, où l'on lit d'abord le texte latin seul officiel, puis l'une des multiples traductions existantes. Cela expliquerait la présence, dans les *Hexaples* d'Origène, de la seconde colonne, qui est la transposition du texte hébreu en lettres grecques. Cet usage semblerait même avoir existé dans le Christianisme primitif, d'après le début de l'*Homélie pascale* de Méliton de Sardes. C'était par ailleurs ce qu'on faisait en Palestine pour l'araméen : les Targumim sont ces traductions courantes.

Cette théorie contient certainement une part de vérité. En effet, nous avons en dehors de Philon d'autres exemples de ces variations. Josèphe s'écarte souvent des LXX. On a remarqué que sa traduction ressemblait à celle qu'utilisait Lucien d'Antioche au IIIe siècle. On a retrouvé un papyrus ancien de cette traduction, qui remonte au second siècle. Elle était donc antérieure à Lucien. Elle se retrouve chez Théophile d'Antioche au second siècle. Par ailleurs, on avait remarqué que les citations de Justin, qui est né en Palestine au second siècle, présentait un texte différent des LXX. Or, on vient de retrouver dans le désert de Juda un manuscrit des petits prophètes qui donne le texte utilisé par Justin [3]. Si on prend maintenant le Nouveau

(1) *Philo's Bible*, Cambridge, 1950.
(2) *Die hebraischen Handschriften aus der Höhle*, 1951, pp. 30 et suiv. ; *Problems of the Septuagint*, Stud. Patrist., 1957, I, pp. 328-338.
(3) Barthélémy, Redécouverte d'un chaînon manquant de l'histoire de la LXX, *RB*, LX (1953), pp. 18-30.

Testament, on constate que les *Psaumes* sont cités d'après les LXX, mais que pour *Isaïe*, si Luc suit les LXX, Matthieu préfère un texte qui est complètement différent[1]. Cela est frappant en particulier pour *Isaïe* XLII, 1 (*Mth.*, XII, 18). Or, de ce texte utilisé par Matthieu, nous n'avons aucun autre exemple.

Ces faits nous montrent qu'il y a sans doute, dès avant l'ère chrétienne, plusieurs versions grecques de la Bible. On remarquera, en effet, la répartition géographique des traductions. Il y avait une version antiochienne, une version asiate, une ou plusieurs versions palestiniennes. L'identification de la version de Matthieu serait intéressante pour localiser l'origine de son Evangile. Les LXX apparaissent, dès lors, comme la version alexandrine. Il est d'ailleurs certain, comme l'ont montré les papyri, qu'elle présente des traits dialectaux, ou des allusions, qui sont sûrement égyptiens. Swete en a relevé plusieurs dans son introduction à l'édition des LXX, Gerleman en a ajouté d'autres[2]. Cette traduction a pu par ailleurs, au moins en ce qui concerne la Loi, jouir d'une autorité particulière.

Il reste, en ce qui concerne Philon, que son exégèse repose essentiellement sur les LXX. Ce sont donc eux qui nous intéressent ici. Or, la traduction des LXX porte des traces des préoccupations qui étaient celles du Judaïsme d'alors et interprète le texte dans le sens de ces préoccupations. A cet égard, les LXX marquent une transition entre l'Ancien et le Nouveau Testament, une étape dans le développement de la théologie du Judaïsme. Nous y retrouvons les préoccupations de celui-ci et, du même coup, l'arrière-plan de la théologie de Philon.

En premier lieu, en ce qui concerne Dieu, nous remarquerons d'abord l'accent mis sur l'universalisme. Yahweh Sabaoth est traduit par Κύριος Παντοκράτωρ dans *Job, Eccl.*,

(1) Voir Kilpatrick, *The origins of the Gospel according to St Matthew*, Oxford, 1946, p. 56 ; K. Stendahl, *The school of St Matthew-* Upsala, 1954.
(2) *Studies in the Septuagint*, I, Job, Lund, 1946.

I *Reg. Isaïe* garde Θεὸς Σαβαώθ et les Psaumes donnent Κύριος δυνάμεων. Ceci est bien dans le sens de l'expression hébraïque, mais traduit une évolution à partir du « Dieu des armées » d'Israël. Les LXX insistent sur l'idée de création : « Qui est un rocher, si ce n'est notre Dieu » est traduit : « Qui est créateur » (κτίστης) (*II Sam.*, XXII, 32). De même l'idée d'éternité, qui manquait au vocabulaire sémitique, pour distinguer le vrai Dieu des dieux des nations, est introduite par les LXX : « Dieu est plus grand que l'homme », dit le texte hébreu. LXX traduit : « Celui qui est au-dessus de l'homme est éternel (αἰώνιος) » (*Job*, XXXIII 12. Voir XXXIV, 17).

Une autre préoccupation que nous rencontrons dans le Judaïsme consiste à éliminer les expressions anthropomorphiques ou les actions peu dignes de Dieu. Pour cela les LXX, comme les *Jubilés*, usent d'un triple procédé. Ainsi *Ex.*, XXIV, 10 ; « Ils virent le Dieu d'Israël » est remplacé par : « Ils virent le lieu (τόπος) où se tenait le Dieu d'Israël. » Or, il est remarquable que cette expression sera très fréquente comme substitut de Dieu, dans le rabbinisme tannaïte [1]. Ici, on remplace une formule par une autre qui sauvegarde la transcendance. Un second procédé consiste à remplacer les expressions imagées par des formules abstraites. Les exemples sont innombrables : la main de Dieu devient la puissance de Dieu (*Is.*, LV, 24), bouclier devient secours (*Ps. VII*, 11), rocher devient appui et roc secours (*Ps. XVIII*, 3). Enfin, un troisième procédé, constant aussi dans les *Jubilés*, consiste à attribuer aux anges ce que le texte hébreu attribue à Dieu : « Sur la route Yahweh vient à sa rencontre et voulut faire mourir Moïse », écrit *Ex.*, IV, 24. Les LXX ont « l'ange de Yahweh » (Voir aussi *Jud.*, VI, 14 et 16).

Nous avons un effort analogue pour adoucir le texte biblique dans *Isaïe* (VI, 9). Le texte hébreu dit : « Va et dis à ce peuple : Entendez et ne comprenez point ; voyez et n'ayez point l'intelligence. » Cela est à entendre d'une action positive

---

(1) Voir J. BONSIRVEN, *Le Judaïsme palestinien au temps du Christ*, I, p. 124.

de Dieu qui endurcit le cœur des méchants par la manifestation même de la vérité et recouvre une profonde doctrine. (FEUILLET, Isaïe, S. D. B., col. 653). Or, les LXX effacent complètement la part de Dieu qui se borne à prédire l'aveuglement des Juifs : « Vous entendrez et vous ne comprendrez pas ; vous regarderez et vous ne verrez pas ». Il est intéressant de noter que ce texte est cité sept fois dans le N.T. et que *Mth.* et *Act.* suivent le sens adouci des LXX, tandis que *Mc.* et *Joh.* restent fidèles à l'esprit rigoriste de l'hébreu (*Mth.*, XIII, 14; *Act.*, XXVIII, 26; *Mc.*, IV, 12; *Joh.*, XII, 40) [1]. De même la traduction de *Job* atténue le paradoxe du juste malheureux (voir GERLEMAN, *loc. cit.*, p. 50-59).

Avec la transcendance divine, les deux doctrines les plus caractéristiques du Judaïsme sont l'eschatologie et l'angélologie. Sur la première, nous pouvons noter que la doctrine de la résurrection est soulignée par les LXX, par exemple dans *Isaïe*, XXVI, 19, dans *Daniel*, XII, 2. Un verset supplémentaire est ajouté au *Livre de Job* : « Il est écrit qu'il ressuscitera avec ceux que le Seigneur ressuscite » (XLII, 17). De même, la résurrection est suggérée dans XIX, 25.

De même pour l'angélologie. Dans *Deut.*, XXXII, 8, le texte hébreu donne : « Quand le Très-Haut assigna un héritage aux nations, il fixa les limites des peuples d'après le nombre des enfants d'Israël (beni Israël) ». Les LXX ont traduit : « Selon les nombres des anges de Dieu », ce qui est une évidente trace de la haggada sur les anges des nations, que nous avons dans les Apocalypses. Nous retrouvons les anges à la fin du même cantique de Moïse, dans un verset qui n'a pas son correspondant hébreu : « Réjouissez-vous, nations, avec ce peuple et que tous les anges de Dieu s'affermissent en lui » (XXXII, 43), où nous retrouvons le parallèle des anges et des nations. Au verset XXXIII, 2, l'hébreu lit : « De sa droite jaillissaient des jets de lumière. » Les LXX donnent : « A sa droite, des anges l'accompagnent. »

(1) Voir A. SKRINGAR, L'aveuglement final dans Isaïe, *Biblica*, 1938, p. 306 sqq.

A côté du *Deutéronome*, la doctrine des anges apparaît chez les LXX dans les *Psaumes*. Un premier passage nous donne la doctrine des anges des éléments. C'est le *Psaume CIV*, 4. L'hébreu dit : « Des vents il fait ses messagers. » Les LXX interprètent : « Il fait de ses anges des esprits. » Dans d'autres passages, nous rencontrons une correction du texte dans le sens monothéiste. Il s'agit de ceux où il est question des *Elohim* : « Tous les dieux se prosternent devant lui » (XCVII, 7) est traduit : « Adorez-le, vous tous, ses anges. » « En présence des dieux, je veux te chanter » (CXXXVIII, 1) est interprété : « En présence des anges, je veux te chanter. » Plus important est le *Psaume VIII*, 6 : « Tu l'as fait de peu inférieur à Dieu » est traduit : « Tu l'as fait de peu inférieur aux anges. » C'est le thème de la transcendance qui apparaît ici. Or, le texte des LXX est pour ces trois passages celui sur lequel se fonde l'*Épître aux Hébreux* pour marquer la supériorité du Christ sur les anges, malgré qu'il ait été abaissé pour un temps au-dessous d'eux (*Hebr.*, I, 6-7 ; 5-9). La doctrine de Paul continue ici, non l'hébreu, mais les LXX[1]. La manne est considérée comme nourriture des anges par *Ps. LXXVIII*, 25 dans les LXX, alors qu'il n'est question que des Forts dans l'hébreu. Or, nous lisons dans la *Sagesse* grecque, XVI, 20 : « Vous avez rassasié votre peuple de la nourriture des anges. » Les Beni Elohim sont traduits « anges de Dieu » par *Gen.*, VI, 2, ce qui se réfère à la doctrine de la chute des anges (Voir *Job*, I, 6).

A côté de ces traits venant de préoccupations juives, nous rencontrons dans les LXX le souci d'adapter la Bible à la culture hellénistique. Cela concerne d'abord la transposition d'usages ou de représentations qui avaient un caractère sémitique trop accusé. Gerleman l'a bien montré par un des livres où ceci est le plus clair, *Job*[2]. Le livre est adapté au goût grec. Les descriptions sont abrégées (Le grec est d'un

(1) Voir L. Venard, L'utilisation des Psaumes dans l'Épître aux Hébreux, *Mélange Podechard*, p. 257 sqq.
(2) *Studies on the Septuagint*, I, Job, Lund, 1946.

cinquième plus court que l'hébreu). La conception de la nature est plus scientifique, est moins animiste. « Les astres chantaient » est remplacé par : « Les astres naquirent » (XXXVIII, 7). Le Schéol est traduit par Hadès, ou même par Tartare, qui est plus littéraire, et ne se trouve que dans Job. Le nom d'une des filles de Job, Kéren Happouk (XLII, 1) qui signifie : « Boîte d'antimoine » est traduit : « Corne d'Amalthée ». Les « chacals » du désert (XXX, 29) deviennent des « sirènes », et l'on voit apparaître « le Phénix » comme symbole d'une longue vie (XXXIX, 18).

Très particulièrement curieuse est la description de Léviathan et de Béhémoth (XL-XLI). Tandis que le texte hébreu est plus réaliste, la traduction grecque est plus mythique : au lieu de : « Sous son ventre (du crocodile) sont des tessons aigus », les LXX traduisent : « Sous son ventre (du dragon) est tout l'or de la mer. » Et Gerleman y voit à juste titre une allusion au dragon gardien de trésors (loc. cit., p. 41). « Il a été créé pour ne rien craindre » est traduit par : « Il a été donné en jouet aux Anges » (XLI, 25). « Les pêcheurs en font le commerce » est traduit : « Les nations en font un banquet » (XL, 30), ce qui se retrouve dans les Apocalypses. Il y a ici autre chose que des contresens. Il s'agit d'une véritable transposition.

A côté de ces transpositions culturelles, il faut faire une part aussi à l'influence de la pensée hellénistique dont les traducteurs alexandrins étaient pénétrés [1]. Cela concerne plusieurs passages importants. Dans le récit de la création (I, 2), le *tohu-bohu* biblique est traduit ἀόρατος καὶ ἀκατασκεύαστος, ce qui constitue une expression empruntée au *Timée* pour désigner la matière prime (51 A) [2]. Dans la création de l'homme, le *demut* biblique est traduit par ὁμοίωσις, ce qui paraît bien aussi une référence à Platon et orientera toute la spéculation philonienne et patristique dans un sens différent

---

(1) Voir P. HEINISH, *Griechische Philosophie und Alten Testament*, Münster 1914.
(2) Voir toutefois J. HOROVITZ, *Untersuchungen über Philons und Platons Lehre der Schöpfung*, p. 118.

de celui de la Bible (*Théétète*, 176 A). La révélation du Buisson ardent : « Je suis celui que je suis », affirmation de la souveraine subjectivité divine, est traduite en langage platonicien : Ἐγώ εἰμι ὁ ὤν ce qui l'oriente dans le sens d'un essentialisme ontologique (*Ex.*, III 14). Le *Cantique des cantiques* donne (I, 8) : « Dis-moi, ô toi que mon cœur aime, où tu mènes paître tes brebis. Si tu ne le sais pas, ô la plus belle des femmes, sors sur les traces de ton troupeau. » Les LXX traduisent : « Si tu ne te connais pas » (Ἐὰν μὴ γνῶς σεαυτήν). Origène soulignera l'analogie avec la formule platonicienne (*In Cant.*, II).

Quelques autres thèmes, enfin, peuvent être en rapport avec la théologie du judaïsme alexandrin, telle que nous la trouvons chez Philon. Le *Psaume CX* qui est le Psaume messianique par excellence donne au second verset : « Ton peuple s'offre à toi au jour où s'assemble ton armée avec des ornements sacrés ; du sein de l'aurore vient à toi une rosée de jeunes guerriers. » Or, les LXX ont traduit : « La puissance souveraine est à toi au jour de ta puissance dans la splendeur des saints (anges). De mon sein avant l'aurore, je t'ai engendré. » Or, le thème du Messie préexistant dans la Société des anges est un thème cher au judaïsme d'alors. L'apparition de la παρθένος pour traduire alma dans *Isaïe*, VII, 14 étonne moins si l'on se rappelle que la notion de maternité virginale est courante chez Philon. La distinction de l'esprit de piété et de l'esprit de crainte qui constitue les 7 dons, là où le texte hébreu n'en connaît que six (*Is.*, XI, 3), est tout à fait dans la ligne des catalogues philoniens des vertus[1].

### III

#### L'EXÉGÈSE ALEXANDRINE AVANT PHILON

Non seulement Philon utilise la traduction alexandrine de l'Écriture, mais son exégèse aussi se situe dans une tradition,

(1) DRUMMOND, *Philo Judæus or the Jewish Alexandrian Philosophy*, a étudié cette question (I, p. 156 sqq).

qui apparaît avoir été d'une grande richesse et diversité. Nous avons gardé quelques vestiges de cette exégèse alexandrine avant Philon. Elle consiste d'une part dans des développements édifiants de l'histoire sainte, parallèle à la haggada palestinienne, mais qui utilise les formes littéraires de l'hellénisme. C'est ce que nous trouvons dans les récits apologétiques, comme ceux d'Artapan et d'Eupolème, dans la tragédie sur l'Exode d'Ezéchiel le tragique, surtout dans la finale de la Sagesse de Salomon.

Plus importante est l'existence d'une exégèse allégorique, qui elle-même présente des aspects divers. La *Lettre d'Aristée*, qui est sans doute du Second Siècle avant le Christ, présente une interprétation allégorique des interdits alimentaires du Lévitique, que nous retrouverons chez Philon (*Spec. Leg.*, IV, 116) et chez les auteurs chrétiens (*Barn.*, X, 4) et qui relève d'une exégèse pastorale, soucieuse de tirer une leçon édifiante de préceptes légaux [1]. Il est intéressant de noter à ce propos que, comme l'a bien vu H. Thyen [2], l'exégèse allégorique de type moral, loin d'avoir un caractère ésotérique, est née au contraire d'un souci d'efficacité pratique. C'est pourquoi on la trouve principalement dans la littérature homélitique chez Philon et plus tard chez Origène.

Mais, parmi les précurseurs de Philon, nous trouvons un autre type d'allégorisme chez Aristobule. Nous n'avons conservé de cet auteur que quelques fragments. Son activité littéraire doit se situer à la fin du Premier siècle avant le Christ. Il s'agit donc d'un précurseur immédiat de Philon [3]. Le plus important fragment conservé de lui concerne le début de la Genèse. Le septième jour, identifié au premier, est un symbole de la sagesse, dont vient toute lumière. Nous sommes là en présence de spéculations sur le début de la Genèse, influencées par la symbolique pythagoricienne des

(1) Voir S. STEIN, The dietary Laws in Rabbinic and Patristic Literature, *Stud. Patr.*, 1957, II, pp. 141-154.
(2) *Loc. cit.*, p. 80.
(3) Voir P. DALBERT, *op. cit.*, pp. 102-103,

nombres, que nous retrouverons chez Philon et qui relèvent d'un allégorisme savant tout différent du précédent.

Le mieux, d'ailleurs, pour connaître la situation à Alexandrie dans ce domaine est d'interroger Philon lui-même, comme nous l'avons fait pour la philosophie. Il se trouve en effet qu'il fait de fréquentes allusions à des exégètes de diverses tendances, contre lesquels il prend position. Ainsi nous introduit-il lui-même dans les controverses qui existaient de son temps à Alexandrie [1]. Nous devinons l'extrême complexité qui s'y rencontrait. Il n'est pas toujours facile d'identifier les groupes auxquels il fait allusion, en référence avec ce que nous savons par ailleurs. Mais du moins avons-nous un tableau d'ensemble.

Les adversaires sont d'abord ceux qu'on peut appeler les littéralistes extrêmes. Leur position a été étudiée dans un article de Shroyer [2]. En réalité, sous ce nom, on peut reconnaître des types distincts. Il y a d'abord les simples, les ignorants qui, prenant tout à la lettre, aboutissent à des absurdités. Ce sont eux qui sont visés dans le passage suivant : « Certains de ceux qui ne réfléchissent pas, lisant dans la Genèse (VI, 6) que Yahweh se repentit d'avoir fait l'homme sur la terre, supposeront que le législateur veut dire que le créateur s'est repenti d'avoir créé l'homme en voyant son impiété et que c'est pour cette cause qu'il a formé le dessein de détruire la race humaine. Qu'ils sachent donc qu'en pensant cela ils rendent légères les fautes des anciens par l'excès de leur impiété. En effet, qu'y a-t-il de plus impie que de penser que l'immuable change ? » (*Imm.*, 21-22). Philon apparaît non en allégoriste, mais en exégète du vrai sens littéral contre une interprétation grossière de celui-ci.

Ces interprétations matérialistes, Philon en donne quelques exemples au début du *De Opificio*. « Que Dieu ait créé le monde en six jours ne signifie pas que le créateur avait besoin

(1) Voir E. STEIN, *Die allegorische Exegese des Philo von Alexandrien*, Gressen, 1929.
(2) Alexandrian jewish litteralists, *J. B. L.*, 1936, p. 261 sqq.

de temps — en effet Dieu évidemment accomplit toutes les choses ensemble, mais parce qu'il fallait un ordre dans la création » (*De op.*, 13). La critique vise ici des interprétations anthropomorphiques. D'ailleurs, ces interprétations sont directement visées plus loin. Il s'agit de l'expression : Au commencement :

« Moïse dit que Dieu a fait au commencement le ciel et la terre, en prenant commencement non, comme le pensent certains, au sens temporel : en effet il n'y avait pas de temps avant le monde, mais il a été fait ou avec le monde ou après lui. Si donc il ne prend pas commencement au sens temporel, il le prend vraisemblablement au sens numérique, si bien que : Il a fait le monde au commencement signifie qu'il a fait le monde le premier. (*De op.*, 26-27). »

On voit donc, dans ces passages, un souci d'une interprétation réfléchie du texte contre les interprétations matérielles.

De même, dans les *Quæstiones in Genesim* (II, 28), Philon critique des interprétations inacceptables. Ainsi, à propos du texte : « Dieu fit passer un souffle sur la terre et les eaux baissèrent » (*Gen.*, VIII, 1), Philon écrit :

« Certains disent que le souffle dont il est parlé est celui du vent. Mais pour moi je n'ai jamais vu que l'eau ait été calmée par le vent, mais au contraire agitée et secouée, sans quoi déjà depuis longtemps les vastes étendues de la mer auraient été épuisées. Il semble donc qu'en fait, le souffle dont il s'agit est celui de la divinité, par lequel l'univers retrouva la sécurité. »

Quand il s'agit de Dieu, ces interprétations littérales conduisent à une véritable impiété. Ainsi, à propos de l'expression : « Caïn sortit de devant la face de Dieu », Philon écrit : « Nous sommes incertains s'il faut entendre au sens figuré certaines choses dans les livres écrits par Moïse, quand ce qui est exprimé par les mots est trop en désaccord avec la vérité. En effet, si l'Être a un visage, que dirons-nous contre l'impiété des Épicuriens ou l'idôlatrie des Égyptiens ou les imaginations mythologiques. En effet, le visage est une partie d'un animal, mais Dieu n'a pas de parties » (*Post.*, 1-2 ; voir aussi *Quæst. Gen.*, III, 13 ; *Heres*, 300). A l'égard de ces « simples », Philon n'a d'ailleurs que de la pitié. Mais pourtant leur cas présente une certaine gravité, parce qu'il est source de scandales. En effet, cette interprétation naïve amène certains Juifs à ne plus prendre au sérieux l'Écriture et à se détacher ainsi de la foi.

Ainsi à propos des tuniques de peau, « quelqu'un peut-être se moquera de la lettre, en voyant la simplicité d'un pareil vêtement, peu digne d'être l'œuvre d'un si grand créateur » (*Quæst. Gen.*, I, 53). Philon défend d'abord le sens littéral, en montrant la supériorité de la pauvreté sur la richesse, puis passe au sens spirituel. D'autres se moquent du changement du nom d'Abram en Abraham :

« Certains de ceux qui sont étrangers à la culture, ou mieux qui manquent de jugement et sont tombés du chœur divin, se moquent de celui qui est saint par essence, en disant avec ironie : O le grand don ! Le chef et le maître de l'univers a fait cadeau d'une lettre unique, par laquelle le nom du patriarche a été considérablement allongé, puisqu'il est passé de deux à trois syllabes. O l'impiété, qui ose attaquer Dieu en s'attachant à la surface de la lettre, là où il faudrait plonger son esprit dans les profondeurs. D'ailleurs la lettre elle-même, bien qu'en soi peu de chose, pourquoi n'en voyez-vous pas le prix » (*Quæst. Gen.*, III, 43).

Et Philon entreprend l'étude de la lettre A. Mais on voit qu'ici encore, il défend le vrai sens de l'Écriture, le sens littéral, qui est le symbolisme du nom, contre une vue grossièrement matérielle.

Un dernier exemple est celui d'Esaü vendant son droit d'aînesse pour un plat de lentilles. « Je sais, dit Philon, que des choses de ce genre prêtent à rire à ceux qui sont sans esprit et sans formation et qui n'ont aucune idée de la vertu. Ils attribuent leur ignorance et leur sottise aux saintes Écritures du Seigneur, qui sont les plus vraies de toutes les réalités. La raison en est qu'ils sont comme des aveugles qui ne peuvent que toucher les choses et ne peuvent atteindre la couleur, la forme des choses dans leur réalité propre : ainsi, ces ignorants et ces rustres, ayant les yeux de l'âme aveuglés, appuient seulement sur la lettre, ne s'attachant qu'aux sons et aux mots, incapable de pénétrer à l'intérieur pour voir le sens. Pourtant la lettre déjà ici contient une leçon non négligeable pour l'homme adonné aux plaisirs du corps. Le texte est susceptible également d'un sens spirituel » (*Quæst. Gen.*, IV, 168). Ici encore, il est remarquable que ce que condamne Philon c'est un littéralisme stupide au nom d'un sens littéral intelligent. Le sens spirituel ne vient qu'après.

Un second type de littéralistes extrêmes est celui des syncrétistes. Ce sont des hommes savants. Mais ils ne voient plus la transcendance de la Bible et de sa différence d'avec les autres religions. Ils sont les ancêtres de certains représentants modernes de l'école de l'histoire des religions. Ils assimilent les institutions juives aux coutumes païennes et perdent ainsi de vue leur transcendance : « Le sacrifice d'animaux séparés en deux offerts par Abraham a donné prétexte, je ne l'ignore pas, à de vaines attaques qui cherchent à déconsidérer l'Écriture. Certains disent en effet que ce qui est décrit là n'est rien qu'une immolation et un examen des entrailles des victimes » (*Quæst. Gen.*, III, 3). A ces critiques, Philon fait une réponse remarquable : « Ceux-ci me paraissent être de ceux qui jugent le tout par la partie et non la partie par le tout. Or, la Loi a l'unité d'un organisme. Il faut donc l'examiner dans son ensemble et non en dissociant les parties. »

Ou encore, on ramène les récits de l'Ancien Testament à des mythes. Cette attitude est décrite avec précision dans *De confusione linguarum* (2-3) :

« Certains qui se révoltent contre les conceptions traditionnelles, cherchant toujours noise et procès aux lois, se servent de récits comme celui de la Tour de Babel et d'autres semblables pour appuyer leur incrédulité. Et ils disent : Comment pouvez-vous respecter encore les traditions des anciens comme si elles contenaient les canons de la vérité. Voyez, en effet : Les livres que vous appelez saints contiennent les mêmes mythes que ceux dont vous avez l'habitude de rire quand vous entendez les autres les raconter. »

Il s'agit de la comparaison entre la Tour de Babel et l'épisode homérique des géants entassant le Pélion sur l'Ossa pour faire l'assaut du ciel [1]. Philon fait ensuite une allusion à un autre mythe que les adversaires de Moïse rapprochent de la confusion des langues et d'après lequel à l'origine bêtes et hommes parlaient le même langage [2]. Pour ces deux passages, il montre que, au simple sens littéral, il n'y a pas d'analogie. Ainsi, pour le second : « Moïse, s'approchant plus près de la vérité, a séparé les bêtes des êtres raisonnables, en gardant l'unité de langage pour les hommes seulement » (*De conf.*, 15). Il est notable que, pour le premier cas, nous connaissons par Eusèbe les hommes auxquels il fait allusion. C'étaient des écrivains juifs syncrétistes qui assimilaient les récits bibliques aux mythes homériques (*Prép. Ev.*, IX, 11 et 17) [3].

Très particulièrement remarquable est la réfutation par Philon de ces comparatistes qui assimilent le sacrifice d'Isaac aux sacrifices humains des religions païennes :

« Pour ces hommes qui critiquent tout, l'action d'Abraham ne paraît ni grande, ni étonnante comme nous la disons. Beaucoup, en effet, disent-ils, parmi ceux qui aiment le plus leurs proches et leurs descendants ont sacrifié leurs propres enfants, les uns pour qu'ils soient immolés pour la patrie, les autres pour obtenir la fin de guerres ou de famines, d'autres par conformité à un usage établi. Parmi les Grecs, ce sont les plus

---

(1) Le rapprochement était fait par Abydenos, d'après EUSÈBE (*Prép. Ev.*, IX, 14) et par Eupolémos (*id*, IX, 17).
(2) JOSÈPHE, *Ant. Jud.*, I, 1, 4.
(3) C'est aussi ce que nous trouvons dans les *Oracles Sybillins*.

notables, non des personnes privées, mais des rois, qui, faisant peu de cas de ceux qu'ils avaient engendrés, ont, par leurs immolations sauvé de grandes expéditions... Les peuples barbares de leur côté ont toujours considéré les sacrifices d'enfants comme une action pieuse et agréable aux dieux. Et c'est précisément ce que Moïse leur reproche (*Dt.*, XII, 31). Parmi les Indiens, les gymnosophistes, maintenant encore, lorsque la vieillesse commence à les saisir, avant d'être vaincus par elle, construisent un bûcher et s'y jettent. Et les femmes, quand leurs maris meurent avant elles, se jettent dans le même bûcher et vivantes sont consumées avec le corps de ceux-ci. Pourquoi dès lors considérer qu'Abraham a fait quelque chose d'extraordinaire, quand nous voyons des particuliers, des rois, des races entières faire des choses semblables ?

« Voici ce que je réponds à ces critiques. Parmi ceux qui sacrifient leurs enfants, les uns font cela par coutume, comme c'est le cas de certains barbares, d'autres pour réaliser des projets inconsidérés, soit qu'ils y aient été contraints par d'autres, soit par désir de la gloire et de la réputation. Ceux qui agissent par coutume ne font rien de grand. Ceux qui agissent par contrainte ne méritent aucune louange. Si c'est par amour de la gloire qu'ils sacrifient femme ou enfants, ils méritent plutôt le blâme. Il faut donc chercher si c'est pour une de ces trois raisons qu'Abraham a été sur le point de sacrifier son fils. D'abord ce n'était pas l'usage d'immoler les enfants en Babylonie et en Chaldée où Abraham a été éduqué. Il n'a pas agi par crainte des hommes, ni nous la menace d'un danger. Il ne cherchait pas la louange. En quoi l'aurait-il trouvée dans un désert? Si son action est digne d'éloges, c'est qu'elle procédait seulement de l'obéissance à Dieu » (*De Abr.*, 178-199).

Ainsi les comparatistes sont-ils dans l'erreur parce qu'ils rapprochent des choses qui sont en réalité différentes. Mais, même si ces choses étaient semblables, ils auraient toujours le tort, par leur excès de littéralisme, de faire passer les récits bibliques pour des fables. Ainsi, par exemple, il faut reconnaître que le récit de la création d'Éve est fabuleux (μυθῶδες). « Comment admettre qu'une femme et en général un être humain soit né de la côte d'un homme » (*All. Leg.*, II, 19). De même, le serpent de la Genèse est-il lui aussi présenté comme fabuleux (μυθῶδες), dans le *De Agr.*, 97, et Philon explique comment l'interprétation figurée permet d'écarter l'élément mythique [1]. De même encore, ceux qui interprètent l'arbre de vie comme si, de même que certaines plantes sont mortelles, d'autres communiquaient l'immortalité. Mais, ajoute Philon, ils ne savent pas comment ils ont cette vertu salutaire. C'est pourquoi, ici encore, il faut avoir recours au sens figuré (*Quæst. Gen.*, I, 10).

Mais ces littéralistes inintelligents, soit par ignorance, soit par hostilité, ne sont pas les seuls que connaît Philon. Il y a une autre catégorie, infiniment plus respectable et par là même aussi plus dangereuse pour notre auteur. C'est celle de juifs qui pratiquent intelligemment l'exégèse littérale, mais qui refusent d'en reconnaître une autre. Ici, Philon ne défend plus le sens littéral contre ses déformations, mais l'interprétation allégorique contre le pur littéralisme. Nous le voyons en effet parler souvent d'hommes experts à expliquer la lettre de l'Écriture. A propos d'un passage du *Lévitique* où il est dit que, lorsque la lèpre est dans une maison, le prêtre doit commencer par enlever tous les objets, de peur qu'ils ne deviennent impurs (*Lév.*, XIV, 36), Philon écrit : « Comment ceci s'accorde avec le sens littéral, ceux qui en ont l'habitude et le goût pourront le faire. Pour nous, nous dirons que ces choses ne paraissent pas du tout s'accorder » (*Imm.*, 133). On voit qu'ici ces spécialistes expliquaient les passages difficiles sans recours à l'allégorie par une exégèse subtile. C'est bien cette subtilité à laquelle Philon fait allusion par le nom qu'il leur donne d'ordinaire et qui est celui de σοφιστής, qui signifie « homme habile, savant ». Ainsi, à propos d'*Ex.*, XXII, 26, il

---

(1) Mais dans les *Quæst. Gen.*, il justifie le sens littéral (I, 32) par la puissance de Dieu et par les circonstances exceptionnelles du début du monde.

écrit : « Ces choses et celles qui sont semblables, nous laissons les gens habiles (σοφισταί) en recherches littérales et qui froncent le sourcil les expliquer. Quant à nous, suivant les lois de l'allégorie, disons ce qui convient à leur propos » (*De Somn.*, I, 102).

Ce sont ces mêmes personnages que Philon semble désigner dans un passage curieux du *De Cherubim* (42). Il se prépare à expliquer ce qui est le mystère allégorique par excellence, les mariages des patriarches comme figure de la naissance des vertus :

« Comme nous allons parler de l'enfantement des vertus, que les hommes pointilleux (δεισιδαίμονες) bouchent leurs oreilles ou s'en aillent. En effet, nous annonçons les divines initiations aux mystes dignes des très saints mystères; mais eux sont ceux qui environnent la piété véritable et qui est réellement sans parure d'un vêtement misérable. Nous ne prononcerons pas devant eux les paroles sacrées, possédés qu'ils sont d'une maladie incurable, l'orgueil des mots et la chicane des paroles et le raffinement des observances et ne mesurant la sainteté à rien d'autre. »

Ces derniers traits permettent de situer les personnages : ces subtilités d'exégèse littérale, ces complications de la halakha, ce sont exactement les traits des scribes palestiniens. Wolfson (I, 6) a tout à fait raison d'y voir la description de l'exégèse rabbinique, telle que nous la trouverons dans le Talmud et qui représente un courant tout à fait hostile à Philon.

Nous remarquerons qu'à l'inverse de celles des précédents, Philon ne condamne pas leur méthode. Pour lui, l'exégèse littérale est bonne et nécessaire. Dans les *Quaestiones*, il commence toujours par elle. A propos de l'épisode de la confusion des langues, nous l'avons vu écarter la théorie mythique. Mais, par contre, il n'a pas d'objection à ce qu'on l'interprète au sens littéral comme une explication de la distinction des langues : « Nous ne blâmons pas ceux qui procèdent ainsi, car ils ont peut-être raison aussi. » Mais il les invite à ne pas s'en tenir là et à s'avancer jusqu'à l'interprétation figurative (*Conf.*, 190). Sa position apparaît ainsi bien claire. L'exégèse littérale est bonne, mais il ne faut pas s'y tenir. Ainsi, à propos des quatre puits trouvés par les serviteurs d'Isaac (*Somn.*, I, 39), Philon écrit :

« Peut-être certains de ceux dont l'horizon se limite à leur pays estimeront-ils au sujet des puits que le législateur n'a pas voulu dire autre chose ; mais ceux qui sont inscrits dans une plus vaste cité, ayant des pensées plus parfaites, sauront bien que, pour ceux qui savent voir, la recherche ne porte pas ici sur quatre puits, mais sur les quatre parties de l'univers. »

Nous avons ici une nouvelle signification : les littéralistes sont des μικροπολῖται, ils sont enfermés dans le sens étroitement national et littéral de l'Écriture, alors que l'interprétation des autres est universaliste.

Ainsi ce que Philon leur reproche, ce n'est pas leur science du sens littéral, c'est le mépris de tout ce qui dépasse le sens littéral. Nous pouvons nous rappeler ici une expression que nous avons laissée sans la souligner. Quand ils entendent parler d'allégorie, ils froncent le sourcil (*Somn.*, I, 102) manifestant par là leur méfiance et leur dédain. Ce sont eux que Philon nous montre encore dans le *De Josepho* (125). « Comme il nous est proposé, après l'exégèse littérale (ῥητὴ ἀπόδοσις) d'examiner l'interprétation figurée (τροπική), disons ce qu'il faut là-dessus. Peut-être, certains riront-ils en entendant des choses qui leur paraîtront en l'air (εἰκαῖος), mais cela ne m'arrêtera pas. » Si nous nous rappelons que les traités de Philon sont en partie sans doute des homélies synagogales, nous avons ici de petits tableaux très vivants, où nous voyons les différents groupes réagir au cours de l'homélie et Philon les prendre à partie et les inviter à prendre la porte (« Qu'ils s'en aillent ») quand il est sur le point de pénétrer dans les interprétations plus mystiques (voir encore *Somn.*, II, 301).

Ces diverses catégories de littéralistes constituent un premier groupe d'adversaires de Philon. Mais ils ne sont pas les seuls. Nous avons remarqué, en effet, que si Philon s'opposait à une interprétation purement littérale de la Loi, il maintenait cependant l'importance de cette interprétation. Et à cet égard, il rencontre à l'autre extrême une seconde catégorie d'adversaires, les purs allégoristes, c'est-à-dire ceux qui nient, d'une part, le sens littéral de la Loi pour n'y voir qu'un pur symbole et qui, par ailleurs, rejettent les observances pour une religion purement spirituelle. Le texte capital ici se trouve dans le *De Migratione Abrahae* :

« Il en est certains qui, voyant dans les lois littérales des symboles des réalités intelligibles, s'appliquent d'une part à celles-ci, mais font peu de cas des premières et les négligent. Je ne saurais louer leur manière d'agir. Il fallait en effet, prendre soin des deux et d'une recherche exacte des invisibles et d'une garde fidèle des visibles. Mais, en fait, comme s'ils vivaient seuls avec eux-mêmes dans le désert, ou comme s'ils étaient des corps sans âme, ou comme s'ils étaient ignorants de la cité, du bourg, de la maison et en un mot de la société humaine, élevant la tête au-dessus de ce qui paraît bon à l'ensemble, ils cherchent la vérité pure en elle-même (89-90). »

On voit le sens de ce texte. Ici encore, Philon ne blâme pas la recherche du sens spirituel et des biens intelligibles. Nous verrons, au contraire, le prix qu'il y attache. Mais l'attitude qu'il condamne est celle de ceux que cette recherche des biens spirituels amène à négliger les humbles observances extérieures :

« Faut-il, parce que le sabbat est pour nous une invitation à tourner nos efforts vers l'inengendré (ἀγένητος) et à ne pas nous soucier des choses corruptibles, que pour autant nous nous dégagions de ce qui a été prescrit par la loi à son égard, comme d'allumer le feu, de travailler la terre, de porter des fardeaux, de faire des procès, de juger et de faire les autres actions qui se font même dans les temps non festifs ? Ou parce que la fête est synonyme de joie spirituelle et d'action de grâces envers Dieu, allons-nous nous abstenir des assemblées qui ont lieu durant le cycle des saisons ? Ou parce que la circoncision est une image du retranchement de la volupté et de toutes les passions et du dépouillement des opinions impies, allons-nous supprimer la loi qui la prescrit ? Ainsi nous allons négliger aussi le culte du Temple et des milliers d'autres choses, si nous nous appliquons seulement à ce qui est manifesté par l'interprétation spirituelle. Or nous devons croire que parmi ces choses les unes conviennent au corps, les autres à l'âme. Or, comme il faut prendre soin du corps, parce qu'il est la maison de l'âme, de même aussi devons-nous appliquer la lettre de la Loi. Si nous gardons cette lettre en effet, le reste, dont elle est le symbole, n'en sera que mieux connu (91-93). »

On voit que ce texte est remarquable de clarté et d'équilibre. Philon y affirme formellement contre les allégoristes, que l'interprétation spirituelle de la Loi ne dispense aucunement de son observance littérale. L'homme parfait est celui qui unit les deux, ni pur littéraliste, ni pur allégoriste : « Les vrais amis de la vertu, dit ailleurs Philon, sont à la fois les meilleurs gardiens des lois (spirituelles) que leur père, la droite raison, a établies et de fidèles intendants des coutumes que l'éducation, leur mère, a introduites » (*De Ebr.*, 80). Ainsi faut-il unir la religion personnelle que Philon appelle la loi naturelle et la religion sociale, qu'il appelle la loi positive. Nous remarquerons enfin dans le texte du *De Migratione* les deux raisons qu'apporte Philon pour justifier l'observance de la lettre de la Loi. La première est la nature sociale de l'homme : les purs allégoristes sont des êtres asociaux. La seconde est sa nature corporelle : les purs allégoristes sont des âmes incorporelles. Or, ce sera encore la raison qu'Origène apportera plus tard pour justifier le culte visible.

Mais, à côté de cet allégorisme extrême, qu'il rejette, Philon connaît dans l'Alexandrie de son temps des exégètes qui l'ont précédé dans l'usage sain de l'allégorie. Ainsi, dans un passage de *Spec. Leg.* (II, 147), il s'agit de la Pâque. Il rappelle d'abord que la Loi avait prescrit de la célébrer tous les ans, « en mémorial d'action de grâce, pour les événements racontés dans l'histoire ancienne. Mais ceux qui ont coutume d'interpréter allégoriquement (δι'ἀλληγορίαν) le sens littéral pensent que le passage de la Mer Rouge symbolise (αἰνίττεται) la purification de l'âme ». Nous avons ici une interprétation spirituelle rapportée à la tradition. Ailleurs, parlant des chérubins de l'arche, Philon écrit : « Certains disent que ce sont des symboles des deux hémisphères qui se tiennent face à face, celui qui est sur la terre et celui qui est en dessous » (*Vita Mos.*, II, 98). De même dans le *De Josepho* : « J'ai entendu des gens expliquer ce passage de façon allégoriquement différente : ils disaient que le roi d'Égypte était notre esprit qui commande à la région du corps » (151).

Ces exégètes sont parfois désignés par Philon de façon plus précise par le nom de physiciens : « J'ai entendu des physiciens (φυσικοί) qui interprétaient symboliquement ce passage de façon pertinente en disant que l'homme était la figure de l'esprit, et sa femme, dont le nom est Sara, celle de la vertu » (*Abr.*, 99). De même dans le *De Post. Caïni* : « Si Dieu n'a pas de visage, il nous reste, ayant compris qu'aucune de ces choses ne peut être prise au sens propre, à prendre la voie de l'allégorie chère aux physiciens (8). »

Le mot n'a aucunement notre sens moderne. Il faut, pour le comprendre, nous rappeler ce qu'est la φύσις, la nature, pour Philon [1]. Elle s'oppose essentiellement à la θέσις à ce qui est établi par l'homme. La θέσις, c'est l'ensemble des lois positives qui constituent le sens littéral et qui sont propres au peuple juif. Le φύσις, au contraire, ce sont les réalités universelles, qui sont symbolisées par ces lois. Celui qui en reste à la θέσις, le littéraliste, est un habitant de sa petite cité

---

(1) Sur φύσις et νόμος, voir F. HEINEMANN, *Nomos und Physis*, Bâle, 1945 (d'après les philosophes grecs du Vᵉ siècle avant J.-C.); W. C. GREENE, *Moira*, Harvard, 1944, ch. VIII (C.R. DES PLACES, R.S.R. 1949, p. 149). On observera que cette doctrine de la θέσις comme inférieure à la φύσις fera difficulté pour une révélation positive.
(2) Cité par EUSÈBE, *Prep. Ev.*, XIII, 12.

(μιχροπολίτης). Au contraire, celui qui connaît le sens spirituel est un κοσμοπολίτης.

A travers Philon, nous entrevoyons même que ces allégories constituaient plusieurs courants différents. Nous le voyons souvent dans les *Quæstiones* nous donner plusieurs interprétations possibles. Ainsi, pour l'arbre de vie :

« Certains ont cru que de même que certaines plantes étaient vénéneuses et mortelles, d'autres communiquaient l'immortalité. » C'est l'interprétation littérale qu'il faut rejeter à juste titre et qui est mythologique. « D'autres disent que l'arbre de vie est la terre, qui produit tout ce que les hommes dévorent ; et comme l'arbre est placé au centre du jardin, ainsi la terre au centre du monde. Il y en a d'autres qui affirment que l'arbre de vie désigne entre les sept cieux celui du milieu. Certains pensent que c'est le soleil, parce qu'il est presque au milieu des planètes et qu'il produit la vie. D'autres enfin ont dit que l'arbre de vie était la partie dirigeante de l'âme : ce qui commande est en effet milieu et principe, comme le chef d'orchestre. Mais les meilleurs ont dit que l'arbre de vie était la vertu la plus parfaite, la piété, qui seule peut donner l'immortalité (*Quæst. Gen.*, I, 108 ; voir *Leg. All.*, I, 49). »

Si nous reprenons ce texte, nous voyons que les interprétations qu'il donne se réfèrent à quatre chefs principaux. Il y a d'abord le sens littéral, que nous avons déjà vu. Il y a ensuite une interprétation cosmologique : l'arbre de vie figure la terre, ou le quatrième ciel, ou le soleil. Cela était le type des interprétations stoïciennes. Elles étaient traditionnelles dans le judaïsme avant Philon et nous les retrouvons chez celui-ci. Vient ensuite une interprétation psychologique : l'arbre de vie figure l'esprit, la partie la plus élevée de l'âme. Cette interprétation était aussi classique avant Philon. Celui-ci nous a montré plusieurs fois des gens qui voyaient dans le Pharaon l'esprit ou dans Abraham et Agar, l'esprit et la sensation. Enfin, viennent les « optimi viri », les parfaits, les

# CHAPITRE IV

# L'EXÉGÈSE DE PHILON

D'après tout ce que nous venons de dire, la position théorique de Philon en matière d'exégèse apparaît comme pleine de mesure et vraiment exemplaire. D'une part, il sauve partout où cela est possible le sens littéral propre. Par ailleurs, il discerne souvent avec beaucoup de justesse les cas où le sens littéral est figuré, comme dans le cas des récits au début de la Genèse et dans celui de certains anthropomorphismes. Enfin, il affirme que l'explication littérale du texte n'est pas tout, que celui-ci contient aussi un sens spirituel. Et jusqu'à présent, nous sommes entièrement d'accord avec lui. Pourquoi alors son œuvre reste-t-elle finalement décevante au point de vue exégétique, je ne dis pas au point de vue théologique et mystique ? C'est à cause de l'application pratique de cette double exégèse. En effet, aussi bien l'exégèse littérale que l'exégèse spirituelle sont affectées chacune d'un défaut fondamental. Le défaut de l'exégèse littérale, c'est que Philon interprète le texte biblique en fonction d'une culture purement hellénique. Le défaut de l'exégèse spirituelle est qu'il est totalement dépourvu du sens de l'histoire et qu'au lieu de montrer les événements de l'Ancien Testament comme la figure d'événements eschatologiques, ainsi que le faisaient à la même époque les Apocalypses, il y voit le reflet sensible d'un monde intelligible intemporel.

## I

### L'EXÉGÈSE LITTÉRALE

Parlons d'abord de l'exégèse littérale. Elle consiste pour Philon à mettre toute la science hellénistique de son temps au service de l'intelligence de l'Écriture [1]. L'idée en soi est valable. Elle restera celle de saint Augustin. C'est ce qu'a montré H. I. Marrou dans sa thèse sur *Saint Augustin et la fin de la culture antique*. On pourrait faire exactement le même travail sur Philon et on aboutirait au même résultat. On arriverait en particulier à cette conclusion, stupéfiante pour nous, que la science d'Augustin est à peu près celle de Philon, ce qui nous conduit à cette constatation que pour les Anciens la science consiste essentiellement dans la tradition d'un certain nombre de techniques et aucunement dans une découverte et un progrès. Cette mise de la science au service de l'exégèse aboutit souvent à des confusions, qui seront éternellement celles du concordisme. Mais par ailleurs, la conception qui apparaît chez Philon dominera toute l'exégèse antique et médiévale et il vaut donc qu'on s'y arrête un instant.

Nous avons cité, plus haut, un texte où Philon nous disait que le vrai ami de la vertu savait unir la fidélité à sa mère, la παιδεία, et à son père, la droite raison. Et, dans ce texte, la παιδεία était associée à la pratique littérale de la Loi opposée à son observance spirituelle. Cela nous montre, dès le début, qu'il y a un lien entre le sens littéral et la παιδεία. La παιδεία est le domaine de tout ce qui est reçu par enseignement, transmis par tradition. Dans le *De Migr.*, 39, Philon en voit le symbole dans l'ouïe, par laquelle les vérités nous sont transmises indirectement, tandis que la sagesse est comparée à l'œil qui est le contact direct des réalités. La παιδεία a donc une valeur (*Mut.*, 228) ; elle représente un stade nécessaire et en cela elle est semblable au sens littéral ; mais, par ailleurs, elle n'est qu'un stade inférieur (*Ebr.*, 168), qui n'est rien à côté de la sagesse et qui doit être dépassé ; et ceci également l'apparente au sens littéral.

Le contenu de la παιδεία est très varié. Il embrasse tout ce qui s'apprend. La παιδεία comprendra donc d'abord la Loi Juive. Ceci nous n'y insisterons pas, parce que c'est évident.

---

(1) Voir Festugière, *Le dieu cosmique*, p. 528.

Nous remarquerons seulement que, pour Philon, la Loi est essentiellement la Torah, le Pentateuque. C'est le Pentateuque seul qui fait l'objet de ses commentaires. Dans l'*Exposition de la Loi*, c'est le seul livre cité. Dans les autres commentaires, il y a quelques allusions aux *Psaumes*, aux *Livres des Rois*, mais qui sont très rares. Une citation de *Samuel* est présentée comme venant « d'un des anciens » (*Mig.*, 38). Philon toutefois tient les autres livres pour inspirés (*Conf.*, 149). Goodenough croit qu'ils le sont pour lui, mais non au même sens que la Torah [1]. Il est difficile d'en décider.

Quelle place, d'autre part, voyons-nous donner chez Philon aux traditions orales juives ? C'était, en effet, un trait du rabbinisme palestinien que la constitution de toute une tradition législative à côté de la Loi pour en résoudre les cas difficiles : c'est ce qu'on appelle la halakha ; par ailleurs il y avait des traditions, merveilleuses ou édifiantes, dont on avait enrichi l'Écriture et qui constituaient la haggada. Or, nous ne trouvons pour ainsi dire aucune trace de cette dernière dans Philon. Les traits qu'on cite sont insignifiants et peuvent avoir une autre source. Il écrit bien au début de la *Vie de Moïse* : « J'exposerai ce qui concerne cet homme soit d'après les Livres saints, soit d'après certains des anciens de la nation » (I, 1). Mais ces anciens peuvent parfaitement être les auteurs des livres de l'Ancien Testament autres que le Pentateuque. Pour la halakha la question est plus complexe. Heinemann n'en relevait que peu de traces [2]. Mais des recherches plus récentes témoignent de la connaissance qu'en avait Philon.

La παιδεία est, d'autre part, la culture hellénistique. Sur l'importance qu'il lui attribue, Philon s'est expliqué souvent, mais très particulièrement il lui a consacré tout un traité, le *De congressu eruditionis et gratiae*. C'est un commentaire allégorique de l'union d'Abraham, qui est le symbole du commençant, et d'Agar, qui figure la culture profane, par opposition à Sara qui est la sagesse. Ainsi, en effet, convient-il

(1) Voir GOODENOUGH, *By light light*, pp. 77-80.
(2) *Philo's jüdische und griechische Bildung*. Voir en sens contraire BAKKER, *Philo and the oral Law*, 1940.

d'abord d'acquérir la culture humaine. « Comme dans les maisons, il y a un vestibule avant la porte et que les villes ont leur banlieue par où on entre, ainsi l'ἐγκύκλιος παιδεία a été placée avant la vertu pour y introduire (10). » Cette *encyclios paideia*, c'est le cycle scolaire tel que toute l'antiquité l'a connu [1] et dont Philon énumère les parties : grammaire, rhétorique, dialectique, musique, géométrie (15-19) auxquels il faut ajouter l'astronomie et la physique. La philosophie, l'histoire, les sciences naturelles, le droit constituent un enseignement supérieur qui ne rentre plus dans l'*encyclios paideia*.
Cette culture est très estimée de Philon. Elle est nécessaire. Mais elle n'est qu'un stade. Elle est la servante de la Philosophie :

« Quand je commençai de ressentir les aiguillons de la philosophie et que je me mis à la désirer, étant encore jeune, je commençais par fréquenter la grammaire, sa servante. Mais les enfants que j'eus d'elle : savoir écrire, lire, connaître l'histoire, je les consacrai à sa maîtresse. De même pour la musique et la géométrie. Mais il en est qui se laissent prendre au charme des servantes et dédaignent la philosophie. Ils vieillissent dans la poésie, dans la peinture, dans le dessin » (74).

La philosophie, d'ailleurs, n'est pas elle-même le sommet. Elle est subordonnée à la sagesse, comme les arts libéraux lui sont subordonnés à elle : « La sagesse est la science des choses divines et humaines et de leur cause. La philosophie est un exercice qui prépare à la sagesse. Toutes les sciences sont désirables en elles-mêmes, mais elles sont plus vénérables quand elle sont pratiquées en vue de la gloire et du service de Dieu » (17). Or, la sagesse, c'est l'intelligence spirituelle de l'Écriture. Toute la culture profane a donc pour objet, en élucidant le sens littéral, de préparer les voies de la contemplation. Nous allons prendre quelques exemples de l'utilisation par Philon des différentes sciences.

La grammaire d'abord. Celle-ci comprenait deux parties : apprendre à lire, expliquer les auteurs. Quand nous voyons

(1) Voir MARROU, *Histoire de l'éducation dans l'antiquité*, 1948,

Philon faire des considérations sur la lettre *a*, à propos de son adjonction à Abram, il se réfère à la première : « La lettre *a* est la première de l'alphabet, aussi bien par le rang que par la valeur. De plus, elle est la première des voyelles. Troisièmement, elle n'est par nature ni brève ni longue, mais elle fait partie des lettres qui peuvent être l'un et l'autre » (*Quæst. Gen.* III, 43). Les allusions à l'explication des auteurs sont plus importantes. D'une part, quant au contenu, Philon, montrant en quoi la grammaire est utile à la vertu, explique que « en te faisant connaître les grands malheurs des tiens, elle t'apprendra à mépriser les vaines opinions » (*Congr.*, 15).

Cela est une évidente allusion aux auteurs expliqués et en particulier à Homère. On sait d'ailleurs que les Anciens ne distinguent pas histoire et mythologie. Or, en fait, nous voyons Philon fréquemment citer Homère. Ainsi pour ne prendre que les *Questions sur la Genèse*. Commentant *Gen.*, XV, 18 : « Je donne à la postérité le pays depuis le fleuve d'Égypte jusqu'au grand fleuve », il le rapproche d'un vers d'Homère, pour montrer que l'expression « fleuve d'Égypte » est courante pour le Nil (*Od.*, XIV, 258). Commentant *Gen.*, XVIII, 2, « le voyant il se prosterne devant lui », il rapproche le passage d'*Od.*, XVII 485 : « Dès qu'il l'eût vu, il courut au-devant de lui. » Et, un peu plus loin, il compare l'hospitalité qu'Abraham assure aux trois anges de Mambré à celle que Ménélas accorde à Télémaque : « Il faut que, lorsqu'un hôte se présente, on l'accueille avec amour et quand il veut s'en aller, qu'on le laisse partir » (*Od.*, XV, 74). Il est évident que le texte grec des LXX éveillait dans l'esprit de Philon les vers d'Homère qu'il savait par cœur. De même, s'il critique les mythes du point de vue doctrinal, comme nous l'avons vu, il les utilise littérairement : ainsi de Protée, de Tantale (*Spec. Leg.*, IV, 81) pour figurer le désir. Parmi les tragiques, Euripide est cité une vingtaine de fois [1].

Mais à l'explication des auteurs, Philon n'a pas seulement emprunté certains exemples, il lui a — et c'est beaucoup plus

---

(1) Pour plus de détails, voir SIEGFRIED, *Philo als Ausleger des Alten Testaments*, pp. 137-155, sqq.

important — emprunté sa méthode. Cette méthode, nous le savons, comprenait la lecture du texte, sa discussion (l'*emendatio* des latins), son commentaire. De l'*emendatio*, nous trouvons peu de traces. Philon prend le texte des LXX tel quel, sans se demander s'il ne présente pas d'erreurs. Mais, par contre, le commentaire tient chez lui une place considérable. C'était à proprement parler l'explication du texte. Or, telle est la méthode de Philon. Il cherche une raison à toutes les anomalies, comme par exemple le mot « homme » répété deux fois (*Lev.*, XVIII, 6 ; *Gig.*, 33) ou l'expression « il le fit sortir dehors » (*Gen.*, XV, 5; *Leg. All.*, III,, 40). De même, il distingue soigneusement les synonymes (*Ex.*, XV, 1 ; *Leg. All.*, II, 105). L'un des traits caractéristiques est l'étymologie. Or, si, en général, il donne l'étymologie hébraïque, il lui arrive d'interpréter le mot hébreu d'après la racine grecque : ainsi Euphrate par εὐφραίνουσα (*Leg. All.*, I, 72), Léa par λεῖος (*Leg. All.*, II, 59), et surtout Pascha, qu'il interprète généralement par διάβασις est aussi expliqué par πάσχειν (*Her.*, 192).

Après la grammaire venait la rhétorique, l'art de la parole. C'est elle qui donnait son caractère à la culture antique, plus tournée vers l'expression que vers l'approfondissement des idées. La rhétorique est pour Philon quelque chose d'inférieur. Elle a pour symbole Joseph, le politique. Néanmoins, il en use souvent. On peut dire qu'une partie de son œuvre consiste à raconter l'histoire sainte à des Grecs en la mettant dans leur style. Son exégèse devient souvent ici simple développement oratoire. La rhétorique tient surtout de la place dans l'*Explication de la Loi*. J'en donnerai deux exemples. D'abord un discours de Jacob quand il apprend la mort de Joseph :

« Ce n'est pas ta mort qui m'afflige, mon enfant, mais ton genre de mort. Si tu avais été enterré dans ton sol, je t'aurais adressé la parole, je t'aurais rendu des soins, je t'aurais veillé, j'aurais partagé les derniers baisers du mourant, j'aurais fermé tes yeux. j'aurais pleuré sur ton cadavre étendu, je t'aurais rendu tous les devoirs funèbres, je n'aurais rien omis des rites traditionnels. Si tu avais péri par l'épée, j'aurais dit : Ne t'attriste de ce que la nature a accompli son propre devoir. Les patries sont pour les vivants, toute terre est un tombeau pour les morts. Rien ne passe plus vite que la vie des hommes, et la plus longue est bien brève comparée à l'éternité. S'il avait fallu que tu meures de mort violente et par assassinat, mon malheur serait plus léger, ta mort ayant été causée par des hommes qui, après t'avoir tué, auraient pu avoir pitié de ton cadavre, jeter dessus de la terre et recouvrir le corps. Et quand bien même ils auraient été les plus cruels des hommes, que pouvaient-ils faire de plus, après t'avoir étendu sur le sol que de te laisser sans tombeau ? Quelqu'un alors, passant sur la route, se serait peut-être arrêté en te voyant, saisi par une pitié naturelle, et t'aurait honoré de soins funèbres et d'un tombeau. Mais, en fait, à ce qu'on me dit, tu as été la proie et la pâture de bêtes sauvages, féroces et carnivores qui ont fait un festin de mes propres entrailles. J'ai vu beaucoup de choses, j'en ai entendu beaucoup et j'en ai moi-même subi beaucoup de terribles. Formé par elles à garder une âme sereine, je n'ai jamais fléchi (μετριοπαθεῖν). Mais jamais je n'ai rien vu de plus affreux que cet événement, qui a bouleversé et ébranlé mon âme. Quel deuil, en effet, plus grand et plus digne de pitié. On m'apporte, à moi le père, le vêtement de mon fils ; mais de lui pas une partie, pas un membre, pas la moindre relique (*De Josepho*, 23-27). »

On retrouve, ici, des thèmes classiques de la rhétorique grecque : le cadavre abandonné sans sépulture d'Antigone, les malheurs inouïs du vieillard Œdipe.

Prenons maintenant le récit de la sortie d'Égypte :

« Se trouvant donc pris entre les ennemis et la mer, ils désespèrent de leur salut. Les uns envisageaient la pire des morts comme un bien désirable, les autres croyaient préférable d'être tués par les éléments de la nature que d'être la risée des ennemis ; tous formaient le dessein de se jeter dans la mer et s'étant chargés d'objets lourds, ils faisaient le guet sur le rivage, afin, quand ils verraient les ennemis proches, sautant de haut en bas, ils s'enfoncent plus facilement dans l'abîme.

Dans cette situation sans issue, plus morts que vifs, ils étaient frappés de terreur. Mais le Prophète, voyant le peuple entier frappé de panique comme un banc de poissons pris au filet, sortant de lui-même sous une inspiration divine prononça cet oracle : La crainte est inévitable, la terreur proche et grand le danger. D'un côté, une mer béante, aucun refuge où fuir, manque de bateaux ; de l'autre, des phalanges d'ennemis qui nous guettent, qui nous poursuivent à marche forcée. Où se tourner ? Où trouver une issue ? Tout nous attaque soudain de tous côtés, la terre, la mer, les hommes, les éléments. Mais *prenez courage*, ne vous laissez pas abattre, soyez fermes intérieurement et ne tremblez pas, attendez le *secours* inévitable de Dieu. Il viendra de son propre mouvement et *il combattra* invisiblement *pour nous*. Vous avez déjà éprouvé souvent son secours invisible. Je le vois qui vient soulevant un nuage de poussière, jetant ses lassos autour du cou de nos adversaires. Il s'approche de la mer. Eux s'enfoncent dans l'abîme comme du plomb. Vous les prenez comme encore vivants, mais je les vois en esprit comme déjà morts. Et *aujourd'hui* vous aussi vous les verrez morts.

« Lui donc proférait ces choses, qui dépassaient tout ce qu'on pouvait espérer. Eux cependant éprouvaient par les faits la vérité de ses paroles. En effet, les choses qu'il avait prophétisées, plus incroyables que les contes de la mythologie, s'accomplissaient par les puissances divines : la *mer* s'entrouvre, *se sépare* en deux divisions ; les eaux s'immobilisent de chaque côté du passage dans toute leur profondeur en formant des murailles très solides ; la tranchée toute droite forme une route miraculeuse, bordée de *murailles* de glace ; la traversée est sans difficulté pour le peuple qui marche sur la mer comme sur un chemin *sec* et sur un pavé de pierre : le sable, en effet, avait séché et ses grains s'étaient unis en matière pressée ; là dessus les ennemis attaquent, poursuivant à perdre haleine et se précipitant vers une destruction certaine[1]. » (*Vit. Mos.*, II, 249-254.)

(1) Les mots en italique sont ceux qui se trouvent dans le texte de l'Exode.

Nous remarquerons l'élimination des détails choquants : le bâton de Moïse, le désir des Juifs de retourner en Égypte. Et, surtout, l'effort pour souligner le pathétique de la scène. Nous avons, ici, le type même des exercices que les jeunes Juifs d'Alexandrie devaient faire à l'école.

La culture scientifique à son tour comprenait arithmétique, géométrie, musique, astronomie. De l'arithmétique relèvent les considérations sur les propriétés des nombres, qui tiennent une grande place chez Philon. Ainsi, à propos du nombre sept, il écrit dans un texte que nous avons cité :

« Les uns l'ont nommé Vierge, en considérant sa pureté éminente ; d'autres sans mère, engendré par le seul Père de l'univers, type de la race virile. Certains l'ont appelé Jour décisif (καιρός), témoignant de son essence intelligible, séparé des choses sensibles. Tout ce qu'il y a en effet dans le monde sensible de meilleur, ce qui règle l'ordre des saisons et le cycle du temps, tout cela participe du septenaire : ainsi les planètes, l'Ourse, les Pléiades et les phases de la lune ; on pourrait l'appeler aussi jour anniversaire de la naissance du monde, puisque ce que l'hexade a engendré, l'hebdomade l'a mis au jour (*Spec. leg.*, II, 56). »

Nous retrouvons, en effet, ailleurs, l'explication des mystérieuses attributions du nombre 7. Pourquoi est-il vierge et sans mère ? Lisons le *De Opificio* (99) : « Parmi les autres nombres, les uns sont engendrés, les autres engendrent sans être engendrés. Ainsi le nombre 1 engendre tous les nombres qui suivent, sans être engendré ; le 8 est produit par deux fois quatre, mais n'engendre aucun des nombres de la décade. Seul, dans la décade, le 7 n'est ni producteur ni produit. C'est pourquoi certains philosophes comparent ce nombre à la victoire et à la Vierge sans mère que l'on dit avoir surgi de la tête de Zeus ». De même, l'*Allégorie des Lois :* « Les pythagoriciens dans leur mystère comparent l'hebdomade à celle qui est toujours vierge » (I, 15).

Nous savons, en effet, que c'était l'usage des pythagoriciens d'établir une correspondance entre les nombres et les dieux et que le 7 était consacré à Athéné. D'ailleurs, nous retrouvons tout ceci dans Lydus, *De Mensibus* II, 11 comme venant du pythagoricien Philolaos. Cela est capital pour la question de l'allégorisme philonien. Nous voyons, en effet, qu'il a existé un allégorisme pythagoricien antérieur que Philon n'a fait que transposer aux réalités bibliques. Les autres traits donnés par notre texte suggéreraient les mêmes remarques. Philon montre dans l'hebdomade le monde intelligible séparé du monde sensible. En effet, dit le *De Opificio* (100), « n'étant ni engendrée ni génératrice, elle demeure immobile. Or, la création est dans le mouvement. Seul demeure sans être moteur ni mobile le maître de l'univers dont on peut dire avec raison que l'hebdomade est l'image ». Cela est encore pythagoricien (*De mensibus*, II, 11). Par ailleurs, le fait que le monde sensible soit réglé suivant un rythme septenaire atteste la participation du monde sensible au monde intelligible. Dans le *De Opificio*, Philon ajoute d'autres exemples : les sept parties de l'âme, les sept parties du corps !(117). Enfin, en dernier lieu, le septième jour est le jour anniversaire de la création. Philon a combiné cette doctrine avec celle de la création intelligible correspondant aux six premiers jours, ce qui fait que le septième est bien celui de la naissance du monde sensible.

Les *Quæst. Gen.* contiennent des considérations sur le nombre 8, le nombre 100 : « Il est le carré de 10 et la racine carrée de 10 000. Il est fait de 36 + 64, c'est-à-dire le triangle (6 × 6) et le cube (8 × 8). Il résulte de l'addition des nombres impairs : 1 + 3 + 5 + 7 + 9 + 11 + 13 + 15 + 17 + 19 = 100 » (III, 56). Tout cela pour nous expliquer pourquoi c'est à 100 ans qu'Abraham eut Isaac. Aux considérations arithmétiques s'ajoutent les considérations symboliques : la monade est le nombre de Dieu (*Leg. All.*, II, 1), 5 celui des sens, 10 celui de la perfection. Toute cette symbolique pythagoricienne passera par Philon chez les Pères (voir Mannou, *Education*, p. 249). On trouverait de même des données empruntées à la géométrie, à la musique, c'est-à-dire à la science des intervalles musicaux, surtout à l'astronomie, en particulier dans le *De Opificio* (53-61).

Il reste, après cela, à dire un mot des disciplines annexes : sciences naturelles, histoire, droit, qui ne faisaient pas partie du cycle des études libérales, mais qui étaient l'objet d'études particulières. Je n'insisterai que sur un point, celui du droit. Nous avons vu que Philon connaissait la jurisprudence juive. Mais Isaac Heinemann, qui a consacré à cet aspect la presque totalité de son livre, montre avec précision que sur un certain nombre de points, Philon commente la Loi juive en fonction des usages grecs. Cela est important pour l'exégèse littérale. D'après *De Dec.*, 141, le juge doit prêter serment : or, on ne trouve rien de tel dans la Loi juive. Le rôle des témoins — et donc la question du faux témoignage — était essentiel dans le droit juif, mais non dans le droit hellénistique. Or, Philon ne leur donne aucune importance (*Dec.*, 138). La doctrine des fiançailles est plus grecque que juive, le jeune homme étant plus libre et la jeune fille au contraire plus dépendante (HEINEMANN, p. 306).

## II

### L'EXÉGÈSE ALLÉGORIQUE

1. *L'interprétation cosmologique.* L'idée de voir dans les récits de la mythologie des mythes cosmologiques n'a pas apparu avec les modernes. On la trouve déjà chez Plutarque et chez les contemporains de Philon. Plutarque nous dit que certains prétendent que « Osiris désigne le monde lunaire et Typhon le monde solaire » (*De Is. et Osir.*, 75). « Les vêtements d'Isis sont teints de couleur bigarrée parce que son pouvoir s'étend sur la matière qui reçoit toutes les formes » (*id.* 77). Nous rencontrons des interprétations analogues appliquées à la Bible par les Juifs alexandrins avant Philon. Pour Flavius Josèphe, la robe bigarrée du grand prêtre est la figure des quatre éléments du cosmos, tout comme la robe d'Isis pour

Plutarque (*Bell. Jud.*, V, 5, 4)[1] et le chandelier à sept branches figure les sept planètes (V, 5, 5). Or ce genre d'interprétation est fréquent chez Philon, en particulier dans l'*Explication de la Loi*. Le Temple visible est la figure « du Temple de Dieu au sens le plus haut et le plus vrai, qui est le monde entier. Il a pour sanctuaire la partie la plus sainte de la réalité de la nature, le ciel, pour objets consacrés, les astres, pour prêtres les anges qui sont au service de ses puissances, ames invisibles » (*Spec. Leg.*, I, 66). C'est là un thème stoïcien, fréquent chez Cicéron ou Sénèque et qui remonte sans doute au jeune Aristote[2].

Une fois posé ce principe, les diverses parties du Temple vont correspondre aux diverses parties du cosmos[3]. L'arche d'alliance est faite de bois incorruptible pour marquer le lien des différentes parties de l'univers (*Quæst. Ex.*, I, 54). Les deux côtés de l'arche sont pour certains (nonnulli) les deux équinoxes et les quatre animaux les quatre saisons (II, 56). Le chandelier d'or est le ciel, dont la matière est très pure (73). Quant aux sept branches, « tout le monde sait qu'elles sont le symbole des sept planètes » (78). Nous l'avons vu chez Flavius Josèphe. Mais Philon précise : « On dit que le chandelier luit dans un seul endroit. Les planètes, en effet, ne circulent pas dans toutes les parties de la sphère céleste, mais seulement dans l'hémisphère austral » (79). Les chérubins sont les deux hémisphères. Le voile qui sépare le saint des saints du reste du temple est le firmament qui sépare le ciel des étoiles du monde sublunaire.

Cette symbolique cosmologique traditionnelle est appliquée aussi au costume du grand prêtre. Nous la trouvions chez Flavius Josèphe. Chez Philon, comme chez celui-ci, les quatre couleurs de la robe sont figure des quatre éléments (*Vit. Mos.*,

(1) Voir aussi *Sag.*, XVIII, 24.
(2) Voir Festugière, *Le dieu cosmique*, pp. 230-234.
(3) Voir Jean Daniélou, Le symbolique cosmique au Temple de Jérusalem chez Philon et Josèphe, *Symbolisme cosmique des monuments religieux*, Paris, Musée Guimet, 1953, pp. 1-65.

II, 88). Mais Philon développe ceci dans le détail[1]. Les deux pierres d'onyx où sont gravés les douze noms des patriarches sont les deux hémisphères, celui qui est sur la terre et celui qui est en dessous. Pourquoi cela ? Il y a trois raisons : « D'abord l'aspect hémisphérique des pierres précieuses, ensuite la couleur de l'émeraude, semblable à celle du ciel, enfin le nombre des signes gravés, égal aux signes du zodiaque » (*Quæst. Ex.*, II, 114) ; ailleurs, ce sont les douze fils de Jacob (*Somn.*, II, 112), qui correspondent à ceux-ci. Pour Josèphe, c'était les douze pains de proposition. Or, on a retrouvé dans les antiques synagogues juives, postérieures toutefois à Philon, des peintures associant les signes du zodiaque à des scènes bibliques (Marcel SIMON, *Verus Israël*, p. 45). Nous sommes donc bien, ici, en présence d'une exégèse commune, que Philon a pu étendre à de nouveaux aspects, mais dont il est surtout le témoin.

2. *L'exégèse anthropologique.* Si nous nous reportons au texte de *Quæstiones in Genesim*, I, 8-10, nous voyons qu'après les interprétations cosmologiques, Philon passe aux exégèses anthropologiques. L'arbre de vie n'est plus figure de la terre, ni du soleil, ni du quatrième ciel, mais de l'*hégémonikon*, de la raison humaine (*Quæst. Gen.*, I, 10). Nous pouvons donner un autre exemple de cette opposition. A propos du sacrifice par Abraham d'un bœuf, d'une chèvre, d'une brebis, d'une colombe et d'une tourterelle (*Gen.*, XV, 8), Philon commence, nous l'avons dit, par défendre le sens littéral en expliquant qu'il ne s'agit pas de divination au sens païen et qu'il faut expliquer le texte par le contexte de l'ensemble de l'Écriture. Il aborde ensuite l'interprétation cosmologique :

« La nature de ces animaux offre une parenté avec les parties de l'univers : le bœuf avec la terre, comme laboureur et cultivateur ; la chèvre avec l'eau, parce que c'est un animal

---

[1] Cette généralisation est un des caractères — et non des moins dangereux — de son exégèse : « Dans l'Écriture presque tout a un sens allégorique » (*Joseph.*, 28).

emporté et que l'eau est agitée et impétueuse, comme en témoignent les courants des rivières et les marées ; le bélier ressemble à l'air par sa violence, et aussi parce qu'aucun animal n'est plus utile à l'homme, puisqu'il lui fournit ses vêtements ; quant aux oiseaux, l'élément qui leur est apparenté est le ciel, partagé en sphères des planètes et sphère des fixes : on peut rapporter les planètes à la colombe, car c'est un animal doux et les planètes nous sont propices, et les étoiles à la tourterelle, car elle aime la solitude. On peut ajouter aussi que les oiseaux sont apparentés aux astres, car leur vol ressemble au mouvement des étoiles et leur chant à la musique des sphères » (III, 3).

Après quelques considérations complémentaires que je passe, Philon conclut :

« L'interprétation cosmologique (naturalis) est telle. Voici maintenant l'interprétation anthropologique (moralis). En chacun de nous se trouvent ces choses : le corps, la sensibilité, la raison. Le bœuf a une parenté avec le corps, parce qu'il est soumis et obéit. L'image de la chèvre convient aux sens, soit parce que chaque sens se porte vers le sensible qui lui correspond, soit parce que c'est par la représentation des objets reçus par les sens qui provoque les impulsions de l'âme. Enfin, le bélier est apparenté au logos, parce qu'il est mâle, parce qu'il est actif. Comme la raison a un double objet de cosmos visible et le monde intelligible, la colombe correspond à la connaissance du premier, par sa plus grande familiarité, et la seconde symbolise la connaissance des intelligibles, par son amour de la solitude qui la fait fuir l'agitation des sens et s'unir à la réalité invisible » (*Quæst. Gen.* III, 4).

Ce second type d'exégèse est plus fréquent que le premier chez Philon. L'exemple traditionnel est celui d'Adam figurant l'esprit, tandis qu'Ève symbolise la sensation. La création d'Ève pendant le sommeil d'Adam devient la figure de la théorie aristotélicienne de la connaissance :

« C'est réellement quand l'intelligence dort que la sensation survient et inversement à son réveil elle s'éteint... Ceci dit, il faut y adapter la lettre du texte : Dieu fit tomber une extase sur Adam et l'endormit. L'extase et la transformation de l'intelligence, c'est le sommeil de cette faculté : elle est dans l'extase, lorsqu'elle ne s'occupe pas des intelligibles qui l'impressionnent... Il prit une de ses côtes. Des multiples puissances de l'intelligence, il en prit une, celle de sentir. Il la construisit en forme de femme. Il indique par là que le nom de femme est le plus propre à la sensation » (*Leg. All.*, II, 8-11, 25-38).

Ici encore, Philon apparaît comme le témoin d'une tradition. Dans le *De Abrahamo*, il nous dit qu'il a entendu des « physiciens qui interprétaient symboliquement de façon pertinente l'histoire d'Abraham et de Sara, en disant que l'homme était la figure de l'esprit et la femme celle de la sensation » (99). De même, dans le *De Josepho*, il écrit qu' « il a entendu certains expliquer l'épisode du Pharaon et de Joseph d'une autre manière symboliquement. Ils disaient que le roi d'Égypte était notre intelligence qui gouverne en chacun sur la région du corps » (151). Ici, nous ne sommes plus dans le contexte de l'allégorisme stoïcien qui était surtout cosmologique, mais de l'allégorisme moral. Nous possédons un petit traité de morale pythagoricien de cette époque qui décrit des scènes symboliques en les interprétant comme une allégorie des puissances de l'âme qui rappelle Philon : c'est le *Tableau de Cèbès*. On trouve des interprétations de ce genre dans le *De Iside et Osiride* (74).

A côté de l'âme, nous voyons aussi symboliser le corps humain. Revenons ici encore à l'arbre de vie. Philon (*Leg. All.*, I, 59) écrit que « certains disent que c'est le cœur qui a été appelé arbre de vie : il est la cause de la vie et il a dans le corps la position centrale, parce qu'il est selon eux, la partie principale : qu'ils voient bien qu'ils exposent une opinion médicale plutôt que physique ». Et Philon écarte cette interprétation. Mais ailleurs, il en rapporte d'analogues. Ainsi l'arche de Noé est figure du corps (*Quæst. Gen.*, II, 1). Celui-ci, en effet, s'inscrit dans une forme rectangulaire (II, 2). Or, l'arche était faite de pièces de bois équarries. L'arche comprenait des cellules qui sont les cavernes des sens : l'oreille, l'œil, le nez (II, 3). Elle est enduite de bitume, qui marque le caractère organique du corps.

Enfin l'allégorie psychologique s'achève en allégorie morale. A propos des animaux amenés à Adam, Philon écrit :

« Tu vois quels sont nos auxiliaires, les animaux, les passions de l'âme, Il assimile les passions à des bêtes et à des oiseaux parce que, indomptées et sauvages, elles dévastent l'intelligence et qu'elles volent comme des oiseaux, sur la pensée (*Leg. All.*, II, 9-11). »

Ici encore, Philon est le témoin d'une exégèse traditionnelle. Nous avons vu dans la *Lettre d'Aristée* les animaux impurs figurer les vices. Ceci se retrouve dans Philon (*Spec. Leg.*, IV, 105). On trouve des symbolismes analogues dans Plutarque (*De Iside et Osiride*, 75) et plus anciennement ceci remonte à la *République* de Platon (589) où Platon montre le νοῦς commandant aux passions comme un roi à un troupeau d'animaux déchaînés, qui sont tantôt serpent, tantôt lion et tantôt singe. Siegfried a relevé ces principaux symboles : le serpent est le plaisir, le bouc la colère [1]. On retrouvera ce symbolisme dans la tradition des sept péchés capitaux représentés chacun par un animal.

Un des aspects les plus intéressants de cette allégorie morale est celle qui concerne certains rites. Nous y trouvons, en effet, l'écho d'une spiritualisation qui avait commencé avec l'Ancien Testament : « J'ose le dire, ô ami, Dieu ne se réjouit pas des holocaustes. Tout est à lui et il n'a besoin de rien. Mais il se réjouit des dispositions saintes et de la piété des hommes vertueux » (*Spec. Leg.*, I, 271). Philon, sans nier

---

[1] *Philo von Alexandrien als Ausleger des Alten Testaments*, Iéna, 1875, pp. 182-185.

l'importance du culte visible, y verra en même temps le symbole des dispositions intérieures de l'âme.

Ainsi la circoncision est bonne, mais à condition qu'elle s'accompagne de la circoncision du cœur (*Spec. Leg.*, I, 6). Les mains posées sur la tête de la victime symbolisent les actions irréprochables (I, 202). Le lavement des pieds signifie qu'il ne faut plus marcher sur la terre, mais s'élever dans le ciel (I, 207). Plus curieux est ceci. Le *Lévitique* prescrit de se purifier avec de l'eau mêlée de cendre. « Il veut dire par là que ceux qui se disposent à rendre un culte à Dieu se souviennent d'abord d'eux-mêmes et de leur nature. Or, nous sommes faits, quant au corps, d'eau et de terre » (I, 263). C'est une pensée tout à fait analogue à celle de notre liturgie des Cendres.

3. *L'exégèse mystique.* Les deux types d'exégèse que nous venons de décrire se rencontrent principalement dans les ouvrages de Philon destinés à un public étendu, ou bien encore elles sont rapportées comme venant d'un enseignement traditionnel. On peut dire qu'elles constituent l'exégèse allégorique moyenne telle que Philon l'a trouvée dans l'Alexandrie de son temps. Mais si Philon lui donne une place, comme il donne une place à l'exégèse littérale, c'est en témoin de la tradition, non à titre d'enseignement personnel. En réalité, la véritable allégorie philonienne, c'est celle que nous trouvons dans l'*Allégorie des Lois* et qui concerne non plus le cosmos et l'homme qui est dans le cosmos, mais les mystères cachés du monde hypercosmique et l'itinéraire spirituel de l'âme qui s'élève au-dessus du monde visible et parvient dans le monde de Dieu. C'est là ce que Philon appelle « les grands mystères », où ne parviennent que les « initiés », et qui comprennent essentiellement ce qui fait le cœur de son enseignement, à savoir le mystère de Dieu, du Logos, et des Puissances, d'une part — et de l'autre, celui de la génération des vertus parfaites.

Nous voyons, à plusieurs reprises, Philon indiquer clairement ce nouveau plan et la préférence qu'il lui accorde. Reprenons quelques-uns des exemples que nous avons vus. Dans *Quæst.*

*Gen.*, I, 10, traitant de l'arbre de vie, Philon commence par rappeler que certains y ont vu le soleil (cosmologie), le νοῦς ou le cœur (anthropologie) et il continue : « Mais les hommes les meilleurs ont dit que l'arbre de vie était dans l'homme la plus haute vertu, la piété, qui seule peut conduire à l'immortalité. » Et de même dans les *Leg. All.* il écarte l'interprétation « trop médicale » de ceux qui voient dans l'arbre de vie le cœur, pour y voir la « vertu générique qu'on appelle quelquefois bonté » (I, 59). De même pour les Chérubins. Il rappelle d'abord l'interprétation cosmologique : les deux hémisphères — et le glaive de feu : le soleil (*De cher.*, 25 ; *Quæst. Gen.*, I, 57). Puis il ajoute :

« Mais j'ai entendu une interprétation plus remarquable dans mon âme qui a coutume d'être inspirée de Dieu en beaucoup de choses au sujet desquelles elle ne sait pas trouver une interprétation. Je l'exprimerai autant que je le puis : elle me disait que les deux chérubins sont les symboles des deux puissances de Dieu, la souveraineté et la bonté, et que l'épée de feu était celui du Logos (*De Cher.*, 27. Voir *Quæst. Gen.*, I, 57 ; *Quæst. Ex.*, II, 68 ; *Vit. Mos.*, II, 98). »

Nous retrouvons ailleurs une gradation analogue. Philon interprète dans le *Quis heres* (280) l'expression de la Genèse sur la mort d'Abraham : Il retourne vers ses pères :

« Par pères, il n'entend pas ceux qui sont enfermés dans les sépulcres d'Ur et loin desquels son âme avait émigré, mais soit, comme l'entendent certains, le soleil, la lune et les autres astres (en effet, on dit que c'est d'eux que tout ce qui est sur la terre tient son existence), ou comme disent d'autres, les idées archétypes, les modèles intelligibles et invisibles des choses sensibles, vers lesquels l'esprit du sage émigre ; certains enfin ont entendu par pères les quatre éléments dans lesquels le corps se résoud après la mort, tandis que l'âme se rendra vers l'éther très pur comme vers un père. »

Or, entre ces interprétations, il choisit délibérément dans les *Quæstiones Gen.* (III, 11) : « On a pensé, c'est du moins l'avis de beaucoup, que les pères désignaient les éléments dans lesquels se résoud le cadavre. Pour moi, le mot me paraît désigner les substances incorporelles et les habitants du monde divin qu'on appelle ailleurs les anges. » On voit très clairement ici encore l'opinion cosmologique présentée comme traditionnelle et à laquelle Philon oppose son opinion métaphysique.

Nous arrivons, ici, à l'exégèse proprement philonienne, qui a pour objet le mystère de Dieu, du Verbe et des puissances — et l'itinéraire mystique de l'âme. Cette exégèse, Philon en est-il l'auteur ? Il ne semble pas, nous l'avons dit. Ici encore, il paraît avoir eu des précurseurs. Ainsi, dans le *De Somniis* (I, 118), présente-t-il une exégèse typiquement mystique comme lui ayant été transmise. Il s'agit du passage de la Genèse : « Il s'approcha de lui. Le soleil se couchait » (*Gen.* XXVIII, 11) :

« Certains, écrit Philôn, ont supposé que le soleil désignait symboliquement la sensation et l'intelligence, qui sont en nous les principes de discernement, et que le lieu était le divin Logos. Et ils ont commenté ainsi le passage : l'ascète (Jacob) a rencontré le Logos divin quand la lumière mortelle et humaine s'est éteinte. En effet, tant que l'esprit croit saisir les choses intelligibles et la sensation les sensibles, le Logos est loin. Mais quand l'un et l'autre ont reconnu leur propre faiblesse et par une sorte de coucher de soleil se sont cachés, aussitôt le droit logos, qui règne sur l'âme de l'ascète, quand celle-ci s'est renoncée elle-même, mais attend celui qui la visite invisiblement du dehors, vient à sa rencontre les bras ouverts. »

Ici, nous sommes en pleine mystique philonienne. Or, Philon présente ceci comme lui venant de certains. Il doit s'agir ici des Thérapeutes ou d'autres spirituels juifs, dont Philon rejetait l'antilégalisme, mais à l'école spirituelle de qui il restait[1]. Mais quoi qu'il en soit de l'origine, ce type d'exégèse est celui qui a été adopté par Philon. Son interprétation de la Torah est celle d'un itinéraire mystique qui conduit l'âme à la connaissance du Dieu de la Révélation. La suite du Pentateuque nous en décrit les étapes. Elle se compose pour lui de deux triades, suivis du mystère suprême qui est celui de Moïse[2]. La première triade, la moins importante est composée de Enos, Hénoch et Noë. Philon la décrit en particulier dans *De Abrahamo* 7-47 et *De Praem.* 7-23. Enos est le symbole de l'espérance, qui est la première « semence » de la grâce (*De Praem.*, 11), celle qui introduit dans l'itinéraire spirituel. Enos signifie homme. L'homme véritable est, en effet, celui qui cherche Dieu. Le second stade est la pénitence, qui s'obtient par la retraite et la solitude (17). C'est pourquoi elle a pour modèle Hénoch « qu'on ne retrouvera pas, parce qu'il avait été enlevé par Dieu » (*Gen.*, V, 24). Enfin, Noë est le juste, qui survit à la destruction du monde pécheur et inaugure la seconde création (23).

La seconde triade est beaucoup plus importante. C'est celle d'Abraham, d'Isaac et de Jacob. Elle tient une place considérable dans la symbolique philonienne. Abraham, qui est l'objet de deux traités, le *De Abrahamo* et le *De Migratione Abrahæ*, est le premier degré de la grande triade. Appuyé sur la foi, qui est sa grande vertu, il commence une suite de migrations, hors du corps d'abord, figuré par la Chaldée, qui est le monde des corps (*Migr.*, 1) ; ensuite, il émigre hors de la vie sensible (*Abr.*, 72). Enfin, il émigre hors du discours, qui est le domaine de l'intelligence discursive (*Migr.*, 2). Le changement de son nom signifie ce passage de la sagesse chaldaïque à la vraie sagesse spirituelle. Après cette triple émigration, il épouse d'abord Agar, qui est la science profane. L'acquisition de la science, de la μάθησις, par opposition à l'ignorance et à l'illusion, constitue en effet

(1) Edmond STEIN (*Die allegorische Exegese des Philo von Alexandrien*) insiste sur cette influence et dénie à Philon toute originalité.
(2) Ceci est bien analysé par E. GOODENOUGH, *By light light*, p. 121-235.

une première étape. A ce point de vue, Abraham est la figure de la διδασκαλία, de la science acquise, qui s'oppose à la science infuse promise aux parfaits (*De præm.*, 27). Après Agar, il épouse Sara, la Sagesse qui est la science de la révélation *Abr.*, 100).

Au cours de cet itinéraire, Dieu se révèle progressivement à lui : « Après avoir été élevé dans l'opinion et avoir chaldaïsé longtemps, ayant ouvert l'œil de l'âme, comme au sortir d'un profond sommeil et ayant commencé à contempler la pure lumière au lieu de la profonde obscurité, il se mit à suivre le rayon et il vit, ce qu'il ne voyait pas auparavant, qu'il y avait un cocher et un pilote qui se tenaient au-dessus du monde et qui dirigeaient de façon salutaire son activité. C'est pourquoi il est dit (*Gen.*, XII, 7) que Dieu apparut à Abraham (*Abr.*, 70-77). » Toutefois, cela n'est qu'une première connaissance, analogique, de Dieu, à travers le monde. L'apparition de Mambré représente une révélation plus haute : « Celui qui se tient au milieu est le père de l'univers, que les Écritures appellent Celui qui est, et ceux qui se trouvent de chaque côté sont les puissances les plus anciennes et les plus proches, la puissance créatrice et la puissance royale » (*Abr.*, 121).

Abraham représente donc la première étape, celle de la vertu acquise et de la foi. La seconde étape est symbolisée par Jacob, bien qu'il soit le troisième. Jacob représente l'effort ascétique. Il est celui qui lutte avec l'ange. Après que l'âme a compris où était la réalité, elle doit se mettre en marche vers elle. Cette seconde étape constitue le progrès. Jacob est le progressant. Cette étape est essentiellement marquée par la lutte contre les passions et l'acquisition des vertus. Elle a pour terme l'apathéia. Le nom de Jacob d'ailleurs sera changé en celui d'Israël, qui voit Dieu : « Après avoir la vie active dans la jeunesse, la vie contemplative est la meilleure et la plus sainte dans la vieillesse » (*Præm.*, 1).

Enfin Isaac, dont le nom signifie rire, représente le parfait, celui qui a la sagesse infuse (αὐτομαθής, αὐτοφυής). Il a Dieu seul pour père (*Det.*, 124). Son mariage avec Rebecca est un grand mystère : « Ce n'est pas avec plusieurs femmes, mais avec une seule, qu'il a épousée vierge, qu'Isaac vit perpétuellement. Pourquoi ? Parce que la vertu qui s'apprend, à quoi Abraham a part, a besoin de plusieurs moyens d'enseignement. De même celle qui se réalise par l'ascèse. Mais la race qui possède la science infuse, à quoi participe Isaac, et qui a la joie parfaite pour lot, n'a besoin ni d'instruction, ni d'ascèse. Quand Dieu, en effet, répand d'en haut, comme une pluie, la connaissance infuse, il est impossible de vivre encore avec les autres sciences, qui sont les servantes et les concubines. Celui qui a obtenu cette part est désigné comme le mari de la vertu royale et souveraine. Elle est appelée chez les Grecs patience (ὑπομονή), chez les Hébreux Rebecca. Celui, en effet, qui a obtenu la sagesse, sans effort et sans peine, par le bonheur de sa nature, n'a plus rien à chercher. Il a à sa disposition les dons parfaits de Dieu, inspirés par les Grâces antiques. Il désire les garder et prie pour cela » (*Congr.*, 34-38).

Cette seconde triade nous achemine vers le sommet de la perfection. Celle-ci culmine en Moïse. Comme l'a bien vu Goodenough, Moïse est au cœur de la symbolique philonienne : « Pour le mystère, le héros et le hiérophante de la plus haute importance est Moïse » (*By Light Light*, p. 181). La place qu'il tient en fait, dans les traités de Philon est assez décevante. Il n'y a pas de traité sur la vie de Moïse dans l'*Exposition de la Loi*. Elle est remplacée par la *Vie de Moïse* mais qui est très littérale. L'*Allégorie des Lois* ne présente pas non plus de vie de Moïse. Seules les *Questions sur l'Exode* nous donnent un exposé suivi. Mais il est si souvent question de la vie de Moïse dans les autres traités qu'il est malgré tout possible de reconstituer l'ensemble de la symbolique philonienne de Moïse. On remarquera que, comme le souligne Philon, il n'y a pas à proprement parler de progrès en Moïse. Il est, en effet, le type même du parfait.

Commençons à sa naissance : « La race supérieure, de nature et de nom, dont le nom est Moïse, qui, comme habitant du monde a fait du monde dès le commencement sa cité et sa patrie, gémit, englué dans le corps dont il est enduit comme d'un mélange de bitume et de poix, à cause de sa captivité, pressé par l'amour de la réalité incorporelle » (*Conf.*, 106). Nous commençons à reconnaître le langage symbolique : le coffre où Moïse est déposé est le corps, comme l'arche enduite de bitume qui colle à l'âme. La dispute de Moïse avec l'Égyptien est le conflit de la vraie philosophie avec celle d'Épicure, pour qui le bien suprême est le plaisir. L'ayant tué, Moïse fuit dans le désert, c'est-à-dire se retire dans la solitude. Là, Moïse libère les sept filles de Jéthro, qui sont les cinq sens, la parole et l'instinct sexuel, des mauvais bergers qui veulent les soustraire au domaine de l'esprit : « Après avoir chassé les mauvais pasteurs, c'est-à-dire avoir convaincu les maîtres d'iniquité du mauvais usage qu'ils font de l'éducation, nous mènerons la vie solitaire, tous les mouvements de notre âme, à la manière d'un troupeau, étant guidés par le Logos », dira Grégoire de Nysse, continuant Philon (XLIV, 332 B).

Le mariage avec Séphora, comme les autres mariages des patriarches, est un grand mystère, celui de l'union de l'esprit et de la sagesse (*Post.*, 78). Comme Rebecca, Séphora conçoit par l'action de Dieu (*Cher.*, 48). Ce sont là les grands mystères : « Ces choses, ô mystes dont les oreilles ne sont pas purifiées, recevez-les et ne les répétez à personne. Moi, initié aux grands mystères auprès de Moïse, l'ami de Dieu, je n'ai pas hésité à m'en approcher » (*Cher.*, 49). La signification de ce mystère, c'est que « Dieu est le lieu incorporel des idées incorporelles et le père de l'univers, en tant qu'il l'a engendré, et l'époux de la Sagesse » (49). Moïse est jugé digne d'être initié à ce mystère. Celui-ci n'est pas, comme le veut Goodenough, à interpréter dans la ligne de l'interprétation allégorique du mystère d'Isis et Osiris, mais c'est le dogme de la création par Dieu du monde intelligible préexistant au monde visible : c'est un platonisme biblique.

La sortie d'Égypte est « le passage hors du corps et des passions qui assujettissent l'esprit, à la manière d'un fleuve impétueux. La Pâque signifie la purification de l'âme » (*Spec. Leg.*, II, 147). Le cavalier et le cheval jetés dans la Mer sont les quatre passions et le νοῦς coupable. Nous retrouvons l'allégorie platonicienne des animaux (*Leg. All.*, II, 102). Les douze sources d'Elim sont les petits mystères, ceux qui concernent le monde et auxquels correspond l'allégorie cosmologique. Le nombre 12, en effet, est celui du cycle de l'année. Au contraire, les soixante-dix palmiers figurent les grands mystères et les vertus parfaites (*Fug.*, 187). Les symboles suivants, la manne et le rocher d'eaux vives figurent le Logos. Cela rappelle étrangement l'Évangile (*Leg. All.*, II, 86 ; III, 163). Enfin, le sommet de l'initiation est l'ascension du Sinaï, où « Moïse pénètre dans la ténèbre où Dieu demeure, c'est-à-dire dans les notions cachées et sans forme sur l'Être » (*Post.*, 14).

# CHAPITRE V

## LA THEOLOGIE DE PHILON

Si l'exégèse de Philon est à bien des égards contestable, sa théologie représente au contraire une synthèse remarquable. Elle constitue la première tentative pour essayer d'expliquer les données bibliques au moyen des cadres de la philosophie antique. Ces cadres, Philon les emprunte à la fois à Platon, à Aristote et aux Stoïciens. Mais sa pensée n'est pas un syncrétisme. Il assimile ces divers éléments dans une synthèse originale. Dans un livre récent, M. Wolfson[1] s'est efforcé de montrer que cette synthèse était d'une part parfaitement cohérente, et de l'autre intégralement fidèle aux exigences de la Foi biblique. L'avantage de cette thèse est qu'elle a constitué le premier effort méthodique d'exposition de la pensée philonienne. Mais on doit dire avec M. Völker[2], qu'elle n'obtient cette unité qu'au prix de bien des simplifications. La théologie de Philon est certes à base biblique et l'œuvre d'un juif croyant. Mais elle présente encore des incohérences qui se retrouvent chez les premiers théologiens chrétiens.

### I

#### L'INCOMPRÉHENSIBILITÉ DE DIEU

Le premier article de la philosophie biblique de Philon est l'affirmation de la transcendance de la nature divine.

(1) *Philo*, 2 vol. Harvard, 1947. Voir dans un sens moins systématique BREHIER, *Les idées philosophiques et religieuses de Philon d'Alexandrie*, Paris, 1912.
(2) *Theologische Literaturzeitung*, juillet 1950, p. 290.

Cela implique plusieurs aspects : opposition radicale du créé et de l'incréé, différences de la nature divine et de toutes les autres réalités, incompréhensibilité mystérieuse de l'« ousia » divine. Ces doctrines sont bibliques et Philon s'appuie sur l'Écriture pour les établir. Mais jusqu'à Philon la philosophie ne les avait pas clairement affirmées. Pour Platon, l'opposition est entre le monde sensible et le monde intelligible qui est divin par nature — et si la connaissance de Dieu est difficile, elle n'est pas impossible. Pour Aristote, la simplicité divine n'exclut pas que le divin soit un genre susceptible d'être défini clairement [1]. Pour les Stoïciens le monde entier est divin et l'homme trouve en lui-même la connaissance de Dieu. On peut donc dire que sur ce premier et essentiel aspect Philon réforme la philosophie pour la plier aux exigences de la révélation.

La transcendance divine est d'abord la distinction radicale de Dieu et de la création. C'est le message de Moïse :

« Très importante est la déclaration de Moïse. Il a le courage de dire que c'est Dieu seul que je dois révérer et rien de ce qui est après Lui (*Ex.*, XX, 3) ni la terre, ni la mer, ni les fleuves, ni la réalité de l'air, ni les variations des vents et des saisons, ni les espèces des plantes et des animaux, ni le soleil, ni la lune, ni la multitude des astres qui circulent en rangs harmonieux, ni le ciel, ni le monde entier. La gloire d'une âme grande et qui sort du commun c'est d'émerger du devenir, d'en transcender (ὑπερβάλλειν) les limites, pour s'attacher au seul incréé (ἀγένητος) selon les prescriptions saintes où il nous est enjoint de nous attacher à lui (*Dt.*, XXX, 20). Et quand on s'attache à Dieu et qu'on le sert sans relâche, Dieu lui-même se donne en partage. Pour promettre cela, je m'appuie sur la parole qui dit : Le Seigneur lui-même est sa part (*Dt.*, X, 9) » (*Congr.* 133-134).

On remarquera deux choses dans ce texte. La première est la transcendance par rapport à toutes les créatures.

---

(1) Voir WOLFSON, The knowability and descriptability of God in Plato and Aristotle, *Harv. Stud. Class. Phil.*, 1947, 233-249.

Philon revient ici à un de ses thèmes fondamentaux, la critique de l'idolâtrie. L'idolàtrie consiste à traiter les choses créées en dieux : « Certains ont admis que le soleil, la lune et les étoiles étaient des dieux autonomes et leur ont attribué l'origine de tous les phénomènes » (*Spec. Leg.*, I, 13). Il faut dire « qu'il n'y a qu'un Dieu, créateur et cause de tout, et aussi souverain (κύριος) de tous les phénomènes, puisqu'à Lui seul appartient véritablement la stabilité, l'immutabilité et l'indéfectibilité » (*Spec. Leg.*, I, 30). Le passage de l'adoration du ciel à celle du créateur du ciel est la grâce propre à Abraham : « Le bienfait qui lui fut accordé par Dieu fut qu'il abandonna la science chaldéenne des astres qui enseignait que le monde n'est pas l'œuvre de Dieu, mais Dieu lui-même » (*Heres*, 97).

On observera ensuite que cette affirmation de la transcendance de Dieu n'implique aucunement sa séparation d'avec l'homme. A celui qui s'attache à Lui, Dieu lui-même se donne en échange. Loin donc que la reconnaissance de la transcendance sépare l'homme de Dieu, c'est au contraire la voie qui introduit à s'unir à Dieu. Mais cette union à Dieu n'est pas le résultat d'une conquête de l'esprit. Elle est le don que Dieu fait de lui-même. Transcendance et grâce apparaissent donc dès le début comme corrélatives l'une de l'autre. Elles définissent un ordre de choses où les relations de Dieu et de l'homme sont celles d'une personne transcendante qui ne se donne que librement à une personne créée qui s'ouvre au don de Dieu par la reconnaissance de sa dépendance : « Qu'y a-t-il pour l'âme de plus dangereux que de s'attribuer par jactance ce qui est à Dieu. En effet, agir est le propre de Dieu et il n'est permis de l'attribuer à aucune créature — et le propre de celle-ci est de pâtir » (*Cher.*, 77).

Cette opposition du créé et de l'incréé implique la radicale dissemblance de l'homme d'avec Dieu. Dieu est le tout autre. Cela revient à diverses reprises : « Vraiment, Dieu n'est pas comme l'homme ni comme le ciel, ni comme le monde sensible, mais comme Dieu, s'il est permis de parler ainsi, car le très bienheureux n'admet ni ressemblance, ni comparaison, ni symbole. Bien plus, il transcende la béatitude elle-même et tout ce que l'on pourrait encore imaginer de plus » (*Quæst. Gen.*, II, 54). Ou encore : « Dieu est solitaire et séparé, étant unique et rien n'est semblable à Lui » (*Leg. All.*, II, 1). Plus clair encore est ce passage : « L'incréé (ἀγένητος) ne ressemble à rien parmi les choses créées (γένεσις), mais il les transcende si complètement que même la plus pénétrante intelligence demeure bien loin de le saisir et doit confesser son impuissance » (*Somn.*, I, 184).

Les derniers mots de ce passage marquent la conséquence de la disproportion qui existe entre Dieu et les créatures : c'est que l'esprit humain est impuissant à comprendre l'essence divine. Elle lui demeure entièrement mystérieuse. C'est la doctrine de l'incompréhensibilité divine (ἀκατάληπτος) qui jouera un si grand rôle chez les Pères de l'Église, en particulier chez Clément d'Alexandrie, Grégoire de Nysse et Jean Chrysostome. On sait que cette doctrine apparaît de divers côtés à l'époque de Philon. On la trouve chez les gnostiques [1], dans les écrits hermétiques. Mais ces ouvrages lui sont postérieurs. La thèse de Norden qui la trouve dans l'allusion des *Actes* (XVII, 23) au « dieu inconnu » (ἄγνωστος) vénéré à Athènes est réfuté justement par Wolfson qui montre que l'expression ne signifie pas l'incompréhensibilité de l'essence, mais seulement l'ignorance du nom [2]. On doit donc dire que sur le plan philosophique cette doctrine remonte à Philon [3].

Un texte du « *De mutatione* » résume bien la pensée de Philon : « Ne pense pas que l'être (ὄν) qui est véritablement l'Être soit compris (καταλαμβάνεσθαι) par personne. En effet, nous n'avons en nous aucun instrument qui nous permette de nous le représenter, ni la sensation, car il n'est pas sensible,

(1) Voir SAGNARD, *La gnose valentinienne*, pp. 331-333.
(2) *Philo*, II, 113-116.
(3) Voir FESTUGIÈRE, *Le dieu cosmique*, pp. 572-575. Wolfson pense que chez Albinos et Plotin cette doctrine vient aussi de Philon (Albinos and Plotin on divine attributes, *Harv. Theol. Rev.*, 1952, p. 115).

ni l'esprit (νοῦς). Aussi Moïse, qui a contemplé la réalité sans forme (ἀειδής) — les divins oracles disent, en effet, qu'il a pénétré dans la ténèbre (γνόφος), symbolisant par là l'essence (οὐσία) invisible et incorporelle — ayant exploré tout de toutes manières, cherchait à voir le bien unique et très désirable. Mais comme il ne trouvait rien, pas même une idée (ἰδέα), ayant quelque ressemblance avec ce qu'il espérait, ayant refusé tout enseignement venu des autres choses, il a cherché recours auprès de celui même qu'il cherchait en lui disant : Montre-toi à moi que je te voie clairement » (7-8).

On remarque que, dans ce passage, Philon déclare explicitement que l'essence divine ne peut être saisie ni par les sens ni par l'intelligence. Wolfson peut écrire que « jamais philosophe n'avait dit cela si explicitement » (II, 119). Les expressions platoniciennes sur le Dieu incorporel pourraient faire illusion. La pensée est absolument claire. C'est la distinction radicale du domaine intelligible des idées et du domaine de Dieu qui est absolument transcendant [1].

Cette doctrine, Philon l'appuie sur la Bible. Son expression concrète est la ténèbre où Moïse est entré. Philon développe cela dans plusieurs passages dont voici le plus important :

« Moïse désire insatiablement voir Dieu et être vu de lui, en sorte qu'il lui demande de lui montrer clairement sa réalité difficile à comprendre, pour échanger ses incertitudes contre une foi ferme (πίστις). Et dans sa ferveur, il ne se relâche pas dans sa recherche, mais tout en sachant qu'il aime une chose difficile à atteindre ou mieux inaccessible (ἀνέφικτον) il s'y efforce cependant. Il pénètre alors dans la ténèbre où Dieu se trouve, c'est-à-dire dans les notions cachées (ἄδυτα) et sans forme (ἀειδής) sur l'Être. En effet, la cause n'est ni dans le temps, ni dans le lieu, mais transcende le temps et le lieu... C'est ainsi que l'âme amie de Dieu, lorsqu'elle cherche ce qui est l'Être dans son essence (οὐσία) en vient à une recherche invisible et sans forme. Et c'est de là que lui advient

(1) De Abr., 80.

le plus grand des biens, à savoir de comprendre que l'Être de Dieu est incompréhensible (ἀκατάληπτος) à toute créature et de voir cela même qu'il est invisible (*Post.*, 13-15) [1]. »

On voit par ces textes que Philon fonde sa doctrine sur l'Écriture. Mais il en donne aussi une explication métaphysique. Si l'intelligence de l'homme ne peut atteindre l'essence divine, c'est parce qu'elle est enfermée dans les catégories d'espace et de temps et que Dieu est transcendant à ces catégories. Pour Philon, l'incompréhensibilité de Dieu repose sur son absolue simplicité qui écarte de lui toute détermination [2]. Il est ἀειδής sans forme. Cela implique qu'il ne puisse être défini et par suite qu'il ne puisse être nommé. L'Être est ineffable (ἄρρητον) en sorte que pas même les puissances qui le servent ne peuvent nous dire son nom (*Mut.*, 14). Cette réduction de la transcendance biblique à la transcendance métaphysique était nécessaire. Elle n'était pas sans danger, elle risquait d'orienter la recherche de Dieu dans le sens d'une expérience intellectuelle de nudité des concepts au lieu de la faire consister dans la passivité de l'âme par rapport à l'action d'un Dieu personnel [3].

Mais dans le cas de Philon, il ne semble pas en être ainsi. Les expressions peuvent être platoniciennes et annoncer Plotin. La réalité est bien celle du Dieu vivant de la Bible. Aussi bien, pour Philon, ce qui est inaccessible, c'est une connaissance compréhensive de l'essence de Dieu, mais non pas toute connaissance de cette οὐσία ; la progression de Moïse dans la ténèbre par la foi est une vraie saisie du Dieu toujours caché. Wolfson a bien vu qu'il pouvait y avoir un progrès dans la connaissance de l'essence divine, bien qu'il réduise ce progrès à s'accomplir par la connaissance de Dieu à travers son œuvre (II, 148). Plus profondément, H. Ch. Puech y

(1) Voir Grégoire de Nysse, *P. G.* XLV, 940 C.D. ; XLIV, 404 A.D.
(2) Wolfson, *Philo*, II, 94, 110.
(3) Voir J. Lebreton, La nuit obscure de saint Jean de la Croix, *Rev. Asc. Myst.*, 1928, pp. 3-24.

voit une saisie de l'essence divine en elle-même : « Dans cette poursuite perpétuelle indéfinie de Dieu, dans cet approfondissement sans defaillance, toujours plus proche, mais toujours inachevé, d'un objet inepuisable, nous ferons en fait la plus haute et la plus vive épreuve qui puisse nous être accordée ; l'expérience de l'indéfini et du transcendant »[1].

## II

### LES PUISSANCES

Si l'essence de Dieu est incompréhensible, il ne s'ensuit pas que nous ne puissions rien connaître de Dieu. Il se révèle, en effet, par son action dans le monde. Cette connaissance de Dieu pour Philon est de deux ordres. D'une part, Dieu se fait connaître par le monde extérieur, par la création. Philon reprend ici les preuves aristotéliciennes de l'existence de Dieu [2]. Par ailleurs. Dieu se révèle par son action intérieure dans l'âme, par la prophétie. Wolfson a remarqué ici que Philon reprend la théorie platonicienne de la réminiscence et la théorie aristotélicienne des idées innées, mais en modifiant profondément leur signification, car cette connaissance n'est pas, en effet, quelque chose que l'âme posséderait par nature, mais qui vient d'une illumination gratuite (II, p. 92). Nous retrouverons ce second mode à propos de l'action du Logos. Ce qui nous intéresse, ici, c'est la connaissance de l'existence de Dieu et de ses attributs. Ce dernier aspect nous conduit à un point important de la théologie de Philon, sa doctrine des puissances (δυνάμεις) divines. C'est aussi un des aspects les plus complexes et dont l'interprétation reste la plus difficile.
Nous pouvons partir d'un texte du « De posteritate Caïni » :

---

(1) La ténèbre mystique chez le Pseudo-Denys, *Et. Carm.*, Oct. 1938, p. 49.
(2) Voir FESTUGIÈRE, *Le dieu cosmique*, pp. 229-232.

« L'Être véritable, ce n'est pas par les oreilles seulement, mais par les yeux même de l'esprit qu'il n'est pas possible de le comprendre à partir de son action dans le monde... Il ne dit pas, en effet : Voyez-moi — car il est absolument impossible à la créature de saisir l'Être de Dieu — mais : Voyez que je suis (*Dt.*, XXXIII, 39), c'est-à-dire : Voyez mon existence (ὕπαρξις). Il suffit, en effet, à l'intelligence d'apprendre qu'il existe une cause de l'univers, mais s'efforcer d'aller plus loin et de faire des conjectures sur son essence ou sa nature, c'est naïveté puérile. En effet, pas même au sage Moïse cela n'a été accordé par Dieu, malgré ses multiples requêtes, mais il lui a été déclaré qu'il verrait seulement ce qui est derrière Dieu non son visage (*Ex.*, XXXIII, 23). Cela veut dire que le sillage de Dieu est accessible (κατάληπτον) au sage, mais que lui-même reste dans sa solitude incompréhensible (ἀκατάληπτος). Il ne peut être connu face à face et par vue directe — car alors on le verrait tel qu'il est — mais il est connu par les puissances qui le suivent et qui l'accompagnent. Celles-ci manifestent non son essence, mais son existence à partir de ses œuvres (166-169). »

Ce passage se situe dans la continuité de ce que nous avons dit sur l'incompréhensibilité de l'ousia. Le lieu biblique est le même, le chapitre XXXIII de l'Exode. Iahweh y déclare à Moïse qu'il ne peut le voir face à face, mais qu'il passera devant lui et qu'il verra son sillage (ὀπίσθια). Philon interprète cette expression du sillage de Dieu que constitue son action dans le monde. A travers cette action, on peut connaître ses attributs. Cette exégèse persistera dans la tradition ultérieure, comme celle de la ténèbre.

Ces puissances sont énumérées fréquemment par Philon. Tantôt il en nomme seulement deux : ainsi dans cette interprétation de l'apparition de Mambré :

« Celui qui est au milieu est le Père de l'univers, qui est appelé fréquemment dans l'Écriture Sainte de son propre nom l'Être. Ceux qui se tiennent de chaque côté sont les puissances les plus vénérables et les plus proches de l'Être, la créatrice et la royale. La première est appelée Dieu (θεός) ; c'est par elle, en effet, que Dieu a établi (ἔθηκε) et disposé l'univers ; la seconde est appelée Seigneur (κύριος) ; il convient, en effet, que celui qui a créé l'univers le régisse et le gouverne (*Abr.*, 121). »

Mais, ailleurs, il distingue cinq puissances. Ainsi dans le *De Fuga*. A la puissance créatrice et à la puissance royale s'ajoutent la « miséricorde (ἵλεως) par laquelle l'ouvrier a pitié et a compassion de son propre ouvrage, la puissance qui commande ce qu'il faut faire et la puissance qui interdit ce qu'il ne faut pas faire » (95 et 104). Le symbole de ces cinq puissances est l'arche d'alliance : « Les cinq puissances sont représentées et ont leurs images dans les choses saintes : les lois déposées dans l'arche sont l'image de la puissance qui ordonne et de celle qui interdit, le couvercle de l'arche est l'image de la puissance miséricordieuse — on l'appelle propitiatoire — les chérubins ailés, qui se tiennent de chaque côté sont l'image de la puissance créatrice et de la puissance royale » (*De Fuga*, 100)[1].

Cette structure des cinq puissances représente un élément constant de la théologie de Philon. Elles sont ordonnées suivant un ordre hiérarchique. Dans son ascension vers Dieu, l'âme rencontre d'abord l'interdiction du péché, puis l'obéissance à la loi, puis le repentir devant la miséricorde, la reconnaissance de la souveraineté, enfin l'adhésion à l'amour créateur. Si nous rattachons ceci à ce que nous avons dit de l'essence divine, nous voyons que la connaissance de Dieu, qui est l'objet essentiel de la religion, comprend ainsi pour Philon toute une série de degrés : la connaissance des puissances ou théologie affirmative forme les petits mystères, la con-

---

(1) Voir *De Cher.*, 27. Dans le judéo-christianisme, les deux *chérubins* (ou les deux *séraphins*) seront interprètes du Verbe et de l'Esprit Saint. Il semble que ceci suppose une source palestinienne commune et non une dépendance par rapport à Philon. Voir Jean Daniélou, *La Théologie du judéo-christianisme*, p. 181-188.

naissance dans la ténèbre ou théologie négative constitue les grands mystères [1].

Il faut revenir ici à l'épisode de Mambré :

« Lorsque l'âme est illuminée par Dieu comme en plein midi et qu'elle est remplie tout entière de la lumière intelligible, les rayons qui la baignent de tous côtés chassent d'elle toute ombre et elle perçoit une triple image d'une seule réalité : l'une de la chose elle-même, l'autre des deux ombres qu'elle projette. C'est ce qui arrive parfois [à ceux qui se trouvent dans la lumière sensible et projettent une double ombre. Ainsi celui qui est au milieu escorté de ses deux puissances montre à l'intelligence contemplative tantôt l'un et tantôt les trois : l'un, quand l'âme parfaitement purifiée et ayant dépassé la dyade voisine de la monade se hâte vers l'être sans mélange, simple et qui se suffit absolument à lui-même ; les trois, lorsque, non encore initiée aux grands mystères, elle est encore dans les rites des petits et ne peut saisir l'un sans quelque chose qui sorte de lui, mais seulement par ses œuvres, en tant qu'il crée ou qu'il règne » (*Abr.*, 119-122) [2].

Les trois dernières puissances représentent les degrés inférieurs [3].

Quelles sont les origines de cette théologie des puissances ? Ici encore, Philon est parti d'une donnée biblique, celle des noms divins. On sait que dans la Bible, Dieu est désigné par deux noms principaux Iahweh et Elohim ; ils sont traduits respectivement dans les LXX par Kyrios et Théos. Ce sont ces deux noms dans lesquels Philon voit la désignation de deux attributs divins. Théos désigne Dieu en tant que créateur d'après une étymologie qu'on trouve chez Hérodote (II, 52) et qui le rattache à τίθημι, établir. Quant à Kyrios, il désigne

---
(1) Les premiers aboutissent à Noë, qui a plu aux puissances, les seconds à Moïse qui a plu à « celui qui est dans son existence seule » (*Imm.*, 100).
(2) Voir *Sacr.*, 59.
(3) Voir *Sacr.*, 131-133.

tout naturellement le pouvoir royal. On sait, par ailleurs, que dans le judaïsme on avait pris l'habitude de ne plus prononcer le tétragramme sacré et de le remplacer par des substituts Adonai ou Elohim [1]. L'opposition établie par Philon entre l'essence ineffable et les puissances est un développement de cette tendance.

Une dernière question se pose, qui est celle de la relation chez Philon de l'οὐσία et des δυνάμεις. On sait que cette opposition sera reprise au xv$^e$ siècle par Grégoire Palamas, qui en fera la thèse centrale de sa théologie, et, de nos jours, par Vladimir Lossky [2]. Pour Palamas, il y a entre l'οὐσία et les δυνάμεις une distinction réelle. Dieu subsiste sous deux modes, l'un inaccessible, l'οὐσία, l'autre accessible, les δυνάμεις. Celles-ci sont Dieu saisi directement dans son action divinisante et non seulement à travers ses œuvres. Il y a bien des textes dans Philon qui sembleraient justifier cette conception. Mais Wolfson a montré que cela tient à ce que le mot δυνάμεις désigne chez lui deux réalités distinctes. Il y a les attributs divins, mais ceux-ci sont incompréhensibles comme Dieu même [3] et ne sont connus que par leurs effets. Il y a, par ailleurs, des δυνάμεις qui sont saisis par l'esprit humain : ce sont les archétypes intelligibles de la création. Mais ceux-ci sont une réalité créée. Nous aurons à en parler plus loin. Ainsi Philon ignore le dédoublement de la nature divine qu'a enseigné Palamas et son œuvre, pas plus que celle des Pères de l'Église, ne lui apporte de fondement.

### III

#### LE LOGOS

La doctrine des puissances est en relation avec la connaissance de Dieu par son action dans le monde ; celle du Logos concerne cette action dans le monde dans sa structure

(1) *Somn.*, I, 230
(2) *Théologie mystique de l'Église d'Orient*, p. 45 et suiv.
(3) *De sacr.*, 59.

même. Il n'y a pas d'aspect de la pensée de Philon qui ait été davantage étudié. Il est impossible, en effet, de faire l'exégèse du chapitre Iᵉʳ de saint Jean ou d'étudier les origines du dogme de la Trinité sans la rencontrer. Il faut ajouter qu'il n'y en a pas non plus qui reste plus obscure. On discute sur les origines de la doctrine, ses relations avec les spéculations rabbiniques sur la Memra ou les conceptions grecques de la raison immanente. Sa signification même est loin d'être claire. La plupart des auteurs voient dans le Logos une hypostase intermédiaire entre Dieu et le κόσμος [1]. Mais Wolfson a consacré une grande partie de son monumental ouvrage à essayer de montrer qu'il n'en était rien. Selon lui, il faut distinguer dans le Logos plusieurs réalités distinctes . un Logos incréé qui est le νοῦς divin et qui n'a pas d'existence distincte, un Logos créé qui est l'unité du monde intelligible, un Logos immanent qui agit dans les créatures intellectuelles [2]. Nous exposerons les données de Philon, en cherchant ce qu'on peut en tirer de certain.

Philon désigne le Logos par un certain nombre d'expressions qui reviennent constamment dans son œuvre :

« Si quelqu'un n'est pas encore digne d'être nommé fils de Dieu, qu'il se hâte de se conformer à son Logos premier-né (πρωτόγονος), le plus ancien (πρεσβύτατος) des anges, en sorte qu'il est archange, et qui porte plusieurs noms : il est appelé en effet principe, nom de Dieu, Logos, homme à l'image, voyant, Israël. Ainsi, si nous ne sommes pas encore capables d'être considérés comme des fils de Dieu, du moins nous pouvons l'être de son image sans forme (ἀειδής), le très saint Logos. Car le Logos très ancien (πρεσβύτατος) est l'image (εἰκών) de Dieu » (*Conf.*, 146-147).

Philon a reçu ces expressions de la théologie juive palestinienne. Elles se retrouvent, en effet, chez les Judéo-chré-

(1) Drénier, Lebreton, Goodenough, etc.
(2) *Philo*, I, 200-294.

tiens pour désigner le Verbe, en particulier ὄνομα et ἀρχή. Il en est de même pour ἡμέρα et τόπος; dont nous parlerons plus loin. Or, ces auteurs judéo-chrétiens ne dépendent pas de Philon. Il y a donc source commune. Les expressions qui nous retiendront ici se retrouvent ailleurs chez Philon : le Logos est « le plus ancien (πρεσβύτατος) des êtres » (*Det.*, 118. Voir *Leg. All.*. III. 175); il est le fils premier-né (πρωτόγονος) de Dieu; il est l'image de celui-ci (*Leg. All.*, III, 96). Toutes ces expressions expriment à la fois une relation très étroite avec Dieu et une claire distinction d'avec lui.

Certains passages semblent marquer que le Logos est sur le plan divin : « Le Logos n'est pas produit par la vibration de l'air et il ne se confond avec absolument rien, mais il est incorporel, nu, sans différence avec la monade » (*Imm.*, 83). Plus précisément encore nous lisons dans le *De Fuga* : « Mais le Logos divin qui est au-dessus des puissances n'a pas de représentation visible, n'ayant rien d'analogue avec les réalités sensibles, mais étant lui-même image de Dieu, le plus ancien de toutes les choses intelligibles, se tenant tout à côté, sans aucun espace intermédiaire (μεθόριος), du seul qui est véritablement (101). » Toutes ces expressions : proximité avec Dieu, image de Dieu, ressemblance avec la monade peuvent marquer le caractère divin du Logos. Comme Dieu, il est ἀειδής, nous l'avons vu plus haut; comme lui, il est ἀκατάληπτος : « Ne t'étonne pas si le plus ancien des êtres est ineffable, lorsque même son Logos ne peut être nommé par nous proprement » (*Mut.*, 15). On remarquera, ici, que le mot πρεσβύτατος est appliqué à Dieu. Son application au Logos ne fait donc pas de celui-ci une créature.

Mais un certain nombre d'autres passages nous permettent d'interpréter ces expressions d'une manière qui montre de façon décisive que le Logos est inférieur à Dieu : « C'est au Logos archange et très ancien que le Père qui a tout engendré a fait le don insigne de se tenir à la frontière (μεθόριος) pour séparer la création du Créateur. Il intercède sans cesse auprès de l'incorruptible pour la nature mortelle et fragile et il est envoyé par le Seigneur au serviteur. Il n'est pas inengendré (ἀγένητος) comme Dieu, ni engendré comme nous, mais intermédiaire entre les extrêmes, communiquant avec l'un et l'autre » (*Her.*, 205-206). Un texte comme celui-ci montre à l'évidence que le Logos est bien un intermédiaire, transcendant par rapport au monde de la γένεσις, mais cependant inférieur à Dieu. C'est la conception que l'on retrouvera chez Origène. L'ambiguïté du mot γένεσις dans la langue chrétienne rendra la difficulté plus grande encore. De toutes manières, l'interprétation de Wolfson apparaît ici impossible.

Nous citerons dans le même sens d'autres passages où apparaissent des thèmes que nous retrouverons chez Origène. Ainsi l'opposition ὁ θεός et θεός [1] : « Le Dieu véritable est unique, les autres nommés par catachrèse sont plusieurs. L'Écriture désigne le Dieu véritable avec l'article : Je suis Dieu (ὁ θεός), mais celui qui est dieu par catachrèse sans l'article : Il est apparu dans le lieu de Dieu (θεός). Elle appelle ici Dieu son Logos très ancien, non par scrupule sur le choix des mots, mais par souci de rigueur » (*Somn.*, I, 229). Le caractère créé du Logos apparaît dans un passage comme celui-ci : « Le Dieu qui parle (λέγων) a tout créé en même temps, ne créant pas une chose à part des autres. Et, s'il faut pousser la doctrine jusqu'au bout, le Logos était son œuvre (ἔργον) » (*Sacr.*, 65). On voit ici la pensée. Dieu a d'abord tout créé dans son Logos, qui contient tout et par lequel le cosmos viendra à l'existence. On retrouvera la création simultanée chez Grégoire de Nysse, mais séparée de la génération du Logos.

Ce dernier texte nous introduit à la signification du Logos. Il est le principe de la création entière intelligible et sensible. Il est, en effet, l'instrument par lequel Dieu accomplit la création : « C'est le Logos, plus ancien que ce qui a été créé, dont se sert, comme d'un gouvernail, le pilote de l'univers pour conduire l'univers. Et lorsqu'il formait le monde, il l'a

---

(1) Voir Origène, *Co. Jo.*, II, 2.

utilisé comme un instrument (ὄργανον) pour l'accomplissement irréprochable de son dessein » (*Migr.*, 6) [1]. De même dans un autre passage : « Dieu n'a besoin de rien, car il possède tous les biens, mais il donne, en se servant de son Logos comme ministre de ces grâces : c'est par son Logos qu'il a créé le monde » (*Imm.*, 57). Philon interprète de cette manière le passage de la Genèse : « En ce jour, Dieu fit le ciel et la terre » (II, 4). Ce jour est un des noms du Logos : « C'est par son Logos très brillant et très lumineux que Dieu a fait ces deux choses : l'idée de l'esprit, qu'il appelle symboliquement ciel et l'idée de la sensation qu'il appelle terre » (*Leg. All.*, I,21). Cette exégèse se trouve déjà dans Aristobule (Eusèbe, *Prép. Ev.*, XIII, 12). Mais elle vient du judaïsme palestinien, car on le retrouve chez les judéochrétiens (Justin, *Dial.*, C, 4; Hippolyte. *Ben. Mois.*; *P. O.*, XXVII, 171; Clem. Alex., *Eclog. proph.*, 53, 1).

Ce rôle du Logos signifie d'abord que c'est lui qui conçoit les idées archétypes. Il est en ce sens le νοῦς, la pensée de Dieu mais une pensée tournée vers le monde. Cela apparaît surtout dans les *Lois allégoriques* : « L'ombre de Dieu est son Logos, par lequel, comme par un instrument, il a créé le monde. Cette ombre, qui est image, est archétype des autres choses. De même que Dieu est le modèle de l'image, qu'il appelle ombre, ainsi l'image devient le modèle des autres choses » (III, 96; voir I, 19; *Heres*, 230-231). En tant qu'archétype, le Logos contient en lui les idées exemplaires de toutes les réalités : « On peut entendre par lieu (τόπος) le Logos divin que Dieu a rempli tout entier des puissances (δυνάμεις) incorporelles » (*Somn.*, I, 62) [2]. Le mot δυνάμεις est ici synonyme d'ἰδέαι comme on le voit par un passage parallèle : « Le monde des idées ne saurait avoir d'autre lieu que le Logos divin » (*Op.*, 20). Cet usage de τόπος est aristo-

---

(1) Sur l'origine aristotélicienne du terme ὄργανον voir Wolfson I, 263-266.
(2) Le Logos est γενικώτατον, le genre suprême, qui est symbolisé par la manne, dont le nom signifie τι, quelque chose (*Leg. all.*, III, 175).

télicien et platonicien [1]. On remarquera que Philon l'emploie aussi en parlant de Dieu (*Cher.*, 49). Chez Origène on trouvera la même idée, liée à celle d'une certaine multiplicité qui oppose le Logos à l'Un (*Co. Jo.*, II, 8).

En tant qu'il porte en lui les modèles des choses créées, le Logos marque celles-ci d'une empreinte. Il est désigné sous cet aspect du nom de *sphragis* : « Le monde a été créé et est produit entièrement par une cause. C'est le Logos même du créateur qui est le sceau (σφραγίς) par lequel chaque être est informé. Aussi chaque créature possède dès le début sa forme (εἶδος) parfaite, en tant qu'empreinte et image du Logos parfait » (*Fug.*, 12). Plus précis encore est le *De Somniis* : « Le Logos donne à l'âme son empreinte (σφραγίς), enseignant que Dieu a donné une forme à l'être informe de l'univers, une figure à ce qui était sans figure et, ayant achevé le tout, a scellé le monde de son image et de son idée, son propre Logos » (*De Somn.*, II, 45). Cette sphragis est figurée par l'empreinte gravée sur le pectoral du Grand-prêtre, lui-même figure du grand prêtre cosmique qui est le Logos (*Migr.*, 103). Ce thème du Logos comme sphragis se retrouvera chez les Pères. Lampe y voit même la source de la doctrine du caractère « sacramentel » [2].

Mais le Logos n'est pas seulement l'instrument de Dieu dans la création du monde. Il le gouverne, le conserve et le maintient. Nous avons déjà rencontré le thème du Logos comme pilote du cosmos. Il en est aussi le cocher : « Le Logos est le cocher des puissances, le Legôn celui qui est porté et qui donne des ordres au cocher pour conduire correctement l'Univers » (*Fuga*, 101). Instrument de la création, il est aussi celui de la Providence. « Le Logos de Dieu parcourt le monde ; c'est lui que la plupart des hommes appellent Fortune (τύχη). Il donne aux uns ce qui convient aux uns et à tous ce qui convient à tous » (*Imm.*, 176). Il parcourt l'Univers avec rapidité : « De même que l'inengendré par-

---

(1) WOLFSON, *Philo*, I, 246.
(2) *The Seal of the Spirit*, p. 249. Voir DÖLGER, *Sphragis*, pp. 66 et suiv.

court toute la création, de même le Logos de l'inengendré court dans le Logos de la créature, comme s'il était porté sur les nuées rapides : car le divin Logos est présent à tout et atteint tout » (*Sacr.*, 66). Avec cette immanence du Logos au monde, nous sommes dans la ligne stoïcienne, comme Wolfson l'a bien vu. Mais il a eu tort de voir dans ce Logos immanent qui éclaire tous les logoi une réalité distincte du Logos incréé et du Logos intelligible.

Cette note stoïcienne apparaît dans deux des attributs du Logos philonien. Le premier est la faculté de discerner. Il est le Logos τομεύς.

« Indivisibles sont les deux réalités, celle du jugement en nous et celle du Logos au-dessus de nous, mais étant indivisibles, elles divisent d'autres choses en grand nombre. Le Logos divin a discerné et divisé toutes choses. Notre Logos, toutes les réalités et les corps qu'il saisit intelligiblement, il les divise en parties indéfiniment indéfinies et ne cesse jamais de diviser. Or, il fait ceci par analogie avec le Père et le créateur de l'univers. Car le divin, qui est sans mélange, sans fusion, absolument sans parties, est cause pour le monde entier du mélange, de la fusion, de la division, du partage. Ainsi il est normal que les choses qui lui ressemblent, l'esprit qui est en nous et celui qui est au-dessus de nous, étant sans parties et sans divisions, puissent diviser et partager chaque être » (*Heres*, 234-236) [1].

Le Logos est ainsi l'épée de feu du Paradis « qui ne cesse jamais d'opérer le choix du bien, le rejet du mal » (*Cher.*, 30). Ici, c'est vers l'*Épître aux Hébreux* que nous sommes orientés : « Vivant est le Logos de Dieu, plus acéré qu'aucune épée à deux tranchants, si pénétrante qu'elle va jusqu'à séparer l'âme et l'esprit; elle démêle les sentiments du cœur » (IV, 12) [2].

(1) Voir aussi *Heres*, 130-131.
(2) Spicq, Le philonisme de l'Épître aux Hébreux, *Rev. Bibl.*, 1949, pp. 557-558.

Mais si le Logos discerne, il est aussi ce qui unit, le lien de la création : « Le Logos de l'Être, étant le lien (δεσμός) de l'Univers en maintient aussi toutes les parties et les serre pour les empêcher de se défaire et de se désarticuler » (*Fug.*, 112). Ceci est repris de façon remarquable dans le *De plantatione* : « Rien de ce qui est dans le monde matériel n'est assez solide pour avoir la force de porter le poids du cosmos. C'est le Logos éternel du Dieu éternel qui est le soutien très résistant et très solide de l'Univers. S'étendant du centre aux extrémités et des extrémités au centre, il court la course de la nature invinciblement, rassemblant et resserrant toutes les parties. C'est lui que le Père qui a engendré a fait le lien intangible du tout » (*Plant.*, 8-10). Ici, successivement, c'est l'image d'Atlas ou d'Antée, le δεσμός des stoïciens, peut-être aussi la *Sagesse* grecque qui sont évoqués à nos yeux. Car cet esprit « actif, pénétrant, agile, qui atteint d'un bout du monde à l'autre », l'Alexandrin qui a écrit le livre de la *Sagesse* le connaissait déjà. Mais il l'appelait Sophia et non Logos.

Cela pose la question des relations chez Philon de ces deux réalités. Elle est longuement traitée par Wolfson [1]. Parfois Sagesse et Logos sont identifiées : « La vertu sort de l'Eden, qui est la Sagesse de Dieu : celle-ci est le Logos de Dieu » (*Leg. all.*, I, 65). De même, la pierre du désert d'où jaillit l'eau vive est identifiée dans le même passage à la Sagesse et au Logos (*Det.*, 115-118) [2]. Mais, plus généralement, la Sophia apparaît comme antérieure au Logos. C'est elle, plus que le Logos, qui pourrait être considérée comme la pensée divine. En ce sens, elle est comparée au Paradis d'où jaillit le Logos :

« Moïse appelle Eden la Sagesse de l'Être. De cette Sagesse, comme d'une source, le divin Logos descend à la manière d'un fleuve et il se divise en quatre principes qui sont les vertus. En comparant le Logos à un fleuve, un compagnon de Moïse a dit dans ses hymnes : *Flumen Dei repletum est aquis* (*Ps.*, LXIV,

(1) *Philo*, I, pp. 253-282.
(2) Voir *Leg. alleg.*, II, 86.

10). Il désigne ainsi le Verbe divin, rempli à la fontaine de la Sagesse et qui ne laisse vide aucune partie de lui-même. Un autre cantique dit : *Fluminis impetus lætificat civitatem Dei* (*Ps.*, XLV, 5). Quelle est cette cité ? Car la ville sainte qui existe actuellement, où se trouve le Saint Temple, est bâtie loin de la mer et des fleuves. Le sens est évidemment allégorique. En réalité, le flot du Verbe divin, coulant avec continuité, puissance et mesure, se répand à travers l'univers et réjouit toutes choses » (*Somn.*, II, 245-246) [1].

Une dernière question se pose qui est celle de la place du Logos dans l'ordre de la connaissance de Dieu par rapport à l'ousia et aux puissances. La connaissance du Logos est supérieure à la connaissance des puissances. Parlant du symbolisme des villes de refuge (*Num.*, XXXV), Philon écrit :

« La plus ancienne, la plus sûre et la plus excellente qui n'est pas seulement ville, mais métropole, est le divin Logos vers lequel il est utile de se réfugier avant tout. Les cinq autres, comme des colonies, sont les puissances du Légôn auxquelles préside la puissance créatrice, selon laquelle le créateur a fait le monde par son Logos » (*Fug.*, 94-95).

Philon énumère alors les puissances. Nous avons cité ce passage. Il continue en montrant que « celui qui est capable de courir vite doit se précipiter à perdre haleine vers le Logos très élevé de Dieu, qui est la source de la Sagesse afin que s'étant abreuvé à la fontaine, il trouve comme prix la vie au lieu de la mort » (97). Ceux qui n'en sont pas capables s'élèveront jusqu'à la puissance créatrice, ou seulement royale. Nous avons vu cela. On remarque deux choses : d'une part, la supériorité de la Sagesse, identique au Logos, sur les autres puissances [2], mais aussi celle de la connaissance par illumination

---

(1) Pour Origène, la Sagesse est le nom le plus élevé et le seul propre du Fils (*Co. Jo.*, I, 9).
(2) « La sagesse fut la plus haute et la première dans la division des puissances » (*Leg. alleg.*, II, 86).

directe opérée par le Logos dans l'âme sur la connaissance indirecte à partir de l'œuvre de Dieu dans le monde à quoi correspondent les puissances [1].

Mais, par ailleurs, la connaissance du Logos est inférieure à la saisie de l'Ousia dans la ténèbre : « Il est bon de désirer voir l'Etre — et, si on ne le peut, au moins son image, le Logos très saint » (Conf., 97). Ainsi « le Logos, interprète de Dieu, est le Dieu de nous autres imparfaits; mais le premier Dieu est le Dieu des Sages et des parfaits » (Leg. alleg., III, 207). Aussi Jacob, ayant dépassé le Logos, affirme qu'il est « nourri par Dieu lui-même » (Leg. alleg., III, 177).

Nous arrivons ainsi à une hiérarchie qui commence avec la dernière des puissances pour s'élever jusqu'à l'ousia ténébreuse en passant par le Logos [2]. Mais il importe de ne pas oublier que cette hiérarchie est constituée par l'interférence de deux lignes qui ne coïncident pas : l'une est l'opposition de l'essence et des puissances, qui est la doctrine des attributs divins; l'autre est celle de l'Etre et du Logos, qui est celle des hypostases. Cette dernière se retrouvera chez Justin et Origène dans l'opposition du Logos connaissable et du Père incompréhensible qui sera un gauchissement, sous l'influence de Philon, de la théologie trinitaire.

Cette théologie philonienne du Logos, qui apportera à la théologie trinitaire à la fois tant de modes d'expression utiles et tant de déviations dangereuses, quelle en est l'origine? Ici, comme pour la ténèbre, nous sommes à nouveau en présence de deux sources. D'une part, la première origine est le Logos des Septante, qui traduit l'hébreu דבר (dabar). On sait que la parole de Dieu a dans l'Ancien Testament une triple fonction créatrice, révélatrice, judiciaire [3]. Ces divers aspects se retrouvent chez Philon. Par ailleurs, la théologie du Judaïsme remplaçait le Nom divin par diverses expressions qui, sans être proprement des hypostases, désignaient des

---

(1) Leg. alleg. III, 100.
(2) Voir Origène, Co. Jo., I, 23.
(3) Voir Dupont, la Christologie de Saint Jean, 1952.

modes de présence ou d'action divines dans le monde. On sait le développement que la Kabbale donnera à ces doctrines. Philon peut, pour une part, dépendre d'elles, d'autant que la *Sagesse* grecque nous montre qu'elles n'étaient pas inconnues du judaïsme alexandrin. Mais, par ailleurs, Philon a interprété le Logos biblique sous des influences philosophiques. Nous en avons donné bien des exemples de détail. Ce qui paraît important est que ces influences sont diverses. La conception du Logos comme pensée de la création par Dieu est platonicienne. Chez Aristote, il est un équivalent du νοῦς divin. Enfin, le Logos pénétrant et animant le monde est stoïcien. Wolfson a eu tort, semble-t-il, de distinguer ces trois aspects comme formant trois plans d'existence chez Philon. Il élimine par là la notion d'intermédiaire, qui lui paraît incompatible avec le monothéisme de Philon, mais il semble que c'est à tort. Par contre, il a eu raison de montrer que le Logos ne tenait jusque-là chez aucun penseur la place qu'il a chez Philon. C'est lui qui a substitué l'expression au νοῦς d'Aristote et à la ψυχή stoïcienne (I, p. 253). C'est pourquoi c'est chez lui que les théologiens chrétiens chercheront des éléments pour élaborer leur théologie du Verbe [1].

## IV

### LES ANGES

Le Logos constitue une sphère intermédiaire entre l'abîme de l'Être et la création proprement dite. Les anges, eux, rentrent entièrement dans l'ordre créé. Toutefois, ils constituent un monde à part difficile à déterminer exactement. Parfois, Philon les assimile aux âmes humaines : la seule différence serait que celles-ci sont descendues dans des corps. « Parmi les âmes, les unes sont descendues dans des corps, les

(1) Il y aurait lieu de parler aussi de la théologie philonienne du πνεῦμα. Voir VERBEKE, *L'évolution de la doctrine du Pneuma*, pp. 238-260; A. LAURENTIN, Le pneuma dans la doctrine de Philon, *Eph. Lov.*, 1951, pp. 490-537.

autres n'ont voulu s'unir à aucun élément terrestre » (*Gig.*, 12).
Il faudrait dans ce cas les étudier en même temps que les hommes. Ils rentreraient dans le monde des individus opposé à celui des archétypes. C'est ce que fait Wolfson (I, 366 et suiv.). Mais, par ailleurs, Philon établit une relation particulière entre eux et le Logos. Ils sont parfois appelés λόγοι. Ils apparaissent alors comme les instruments du Logos dans l'administration du monde. Cette conception paraît plus fondamentale, d'autant qu'il n'est jamais question d'archétype des anges. Ils semblent constituer un monde intelligible d'êtres personnels à côté du monde intelligible des idées impersonnelles. C'est à cette interprétation que nous nous arrêtons sans méconnaître les contradictions de la pensée de Philon.

En réalité, les deux interprétations sont valables, car elles correspondent à deux catégories d'anges. Un texte du *De Confusione* est décisif à cet égard : « Dieu, étant un, a autour de lui des puissances (δυνάμεις) ineffables pour secourir toute chose et conserver ce qui a été créé. C'est à elles aussi que les châtiments sont confiés. C'est par ces puissances que le cosmos incorporel et intelligible a été construit, archétype du monde visible » (171)[1]. Nous avons ici un premier groupe, celui des anges supérieurs. Ils ne font pas partie du cosmos, puisqu'ils ont coopéré à sa construction. Un autre texte nous montre leur parenté avec les archétypes. Il s'agit des anges des nations interprétés des parties de l'âme. « Quand Dieu partagea les nations de l'âme, séparant les concitoyennes des étrangères, il établit les frontières des enfants de la vertu en nombre égal aux anges. Autant il y a de λόγοι en Dieu, autant d'espèces de vertus. Les vertus particulières sont le lot des serviteurs ; la race élue, Israël, celle du chef » (*Post.*, 91). Il y a, ici, une équivalence entre les idées des vertus et les anges des vertus.

Le texte de *De Confusione* continue ainsi : « Il y a aussi

(1) Voir aussi *Somn.* I, 140 : « Très pures et excellentes, servantes du Souverain de l'Univers, comme les yeux et les oreilles du grand Roi, elles surveillent et inspectent tout ».

dans l'air le chœur très saint des vivants incorporels, qui accompagnent les célestes. Le texte sacré a coutume d'appeler les vivants anges » (174). Alors que les premiers remplissent le lieu divin (*Somn.*, I, 127), ceux-ci remplissent l'air. Ce sont eux qui peuvent être unis ou non à des corps :

« L'air est la demeure d'âmes incorporelles, égales en nombre aux astres. Parmi ces âmes, les unes descendent pour être liées à des corps mortels : ce sont celles qui sont plus portées vers la terre et amies des corps. Les autres s'élèvent, distinguées, à leur tour selon les nombres et les temps fixés par la nature. Parmi elles, les unes reviennent à nouveau à la nature mortelle, d'autres, méprisant la frivolité de celles-ci, considèrent le corps comme une tombe et une prison et, s'en échappant, s'élèvent dans l'air de leurs ailes légères et circulent dans l'αἰών » (*Somn.*, I, 135 ; voir *Gig.*, 6 et 12 ; *Plant.*, 14) [1].

On reconnaît ici le mythe platonicien du Phèdre. L'opposition des deux catégories rappelle par ailleurs la distinction dans les Apocalypses, à propos des mauvais anges, des grands anges et des âmes des géants.

Quoi qu'il en soit de cette distinction, les fonctions des deux catégories d'anges sont semblables dans leur substance. Ils sont « serviteurs et ministres du Premier Dieu » (*Abr.*, 115). Très particulièrement, Dieu leur confie les tâches inférieures ou indignes de Lui. « Il laisse aux λόγοι et aux anges l'éloignement des maux » (*Leg. All.*, III, 177), lui-même accomplissant le bien. Leur puissance d'ailleurs est toujours dépendante (*Conf.*, 181). Le *De confusione* marque bien cela :

« Toute l'armée des uns et des autres anges, disposée en rangs bien ordonnés, se présente pour servir et adorer le Seigneur, qui les a disposés et auquel elle obéit comme à un

---

(1) Origène aussi considère les hommes comme des esprits purs descendus dans des corps (DANIÉLOU, *Origène*, pp. 207-217).

chef d'armée. Il n'est pas permis à la divine armée d'être accusée de désertion. C'est l'affaire du roi de se servir de ses puissances pour s'acquitter des choses qu'il ne convient pas à Dieu de faire seul. Ce n'est pas que Dieu ait besoin de quelqu'un pour faire quoi que ce soit. Mais voyant ce qui convient à Lui et aux êtres, il laisse certaines choses à faire aux puissances inférieures » (Conf., 171).

Parmi ces fonctions, on peut noter la fabrication du corps de l'homme (Conf., 179), les châtiments qui le frappent.
Très particulièrement, ils assistent l'homme dans son ascension vers Dieu. Ils sont gardiens φύλακες (Conf., 27) et compagnons ἀκόλουθοι. « Celui qui suit Dieu a nécessairement pour compagnons de route les λόγοι qu'on a coutume d'appeler anges » (Migr., 173). Ils aident l'homme dans sa lutte contre les passions (Sobr., 65). C'est par eux que Dieu communique des songes (Somn., I, 190). Cette assistance correspond aux débuts de la vie spirituelle.

Les parfaits ont directement commerce avec Dieu : « Dans les esprits de ceux qui sont purifiés entièrement, seul, invisiblement, le Souverain de l'univers circule (ἐμπεριπατεῖ) ; quant aux âmes de ceux qui ne sont pas purifiés entièrement de la vie souillée et boueuse et du poids des corps, ce sont les anges, logoi divins, qui les illuminent » (Somn., I, 148 ; voir 115). Ce point sera repris par la tradition chrétienne, en particulier chez Clément d'Alexandrie et le Pseudo-Denys [1]. Les hommes, en effet, ne pourraient supporter aussitôt l'éclat divin : « Il nous est utile, à nous, éphémères, d'avoir des logoi médiateurs, parce que nous serions effrayés par la souveraine puissance. C'est parce que nous avons conscience de cela que nous nous adressons à l'un des médiateurs en disant : Parlenous, toi, et non Dieu, de peur que nous ne mourrions (Ex., XX, 19) » (Somn., I, 142-143) [2].

Mais si les anges transmettent aux hommes les illuminations

---

(1) DANIÉLOU, Les Anges et leur mission, pp. 113 et suiv.
(2) Voir aussi Somn., I, 232.

divines, ils sont aussi chargés de transmettre à Dieu les prières des hommes. Ils sont les prêtres du Temple Cosmique (*Spec. leg.*, I, 66). Ils circulent ainsi entre la terre et le ciel : « Ils transmettent les ordres du Père aux enfants et les besoins des enfants au Père » (*Somn.*, I, 141). De cela l'échelle de Jacob est l'image :

« Voici comme est l'échelle de l'âme : sa base est la partie terrestre, la sensation corporelle, et la tête, la partie élevée, est le νοῦς. De haut en bas, continuellement montent et circulent les λόγοι divins. Quand ils montent, ils tirent l'âme vers en haut, et la détournent des choses terrestres, en lui montrant les spectacles qui valent d'être contemplés ; mais ils ne s'abaissent pas, quand ils descendent avec elle. Mais ils condescendent par amour φιλανθρωπία pour notre race, pour la secourir, l'aider, afin de rendre le souffle à notre âme qui est comme plongée dans un fleuve, et de lui rendre la vie » (*Somn.*, I, 146-147).

Si nous comparons cette doctrine à celle des apocalypses juives contemporaines, nous constatons des différences considérables. Nous ne trouvons aucun de ces détails : noms des anges, rôle auprès des éléments du cosmos, rôle au moment de la mort, qui donnaient à l'angélologie palestinienne son caractère. De même, les mauvais anges sont à peu près inconnus [1]. Si certains anges sont adorés comme des dieux, c'est par une erreur des hommes (*Fug.*, 212). En réalité, l'angélologie de Philon doit beaucoup au milieu grec. C'est celle de Platon et de Plutarque : les anges sont intermédiaires entre Dieu et les hommes, ils habitent l'air [2]. Philon s'est contenté de les appeler ἄγγελοι et non δαίμονες : « Certains philosophes appellent démons ceux que Moïse a coutume d'appeler anges » (*Gig.*, 6) ou encore : « Ames, anges et démons diffèrent par le nom, mais ne sont qu'un en réalité » (*Gig.*, 16).

(1) Voir seulement *Gig.*, 16 et 17. Mais ailleurs Philon déclare « qu'ils n'ont pas de part au vice » (*Conf.*, 177).
(2) G. Soury, *Démonologie de Plutarque*, pp. 19-25.

# V

## LE KOSMOS

Les anges constituent une sphère de la création; le Kosmos en est une autre. Ce qui le caractérise, c'est l'opposition du sensible et de l'intelligible. Le Kosmos se présente sous deux aspects : d'une part, il subsiste sous la forme d'un ensemble d'archétypes, que Philon le premier a appelé : κόσμος νοητός (*Op.* 26); par ailleurs, il existe sous la forme concrète de l'univers visible. A cette opposition s'en ajoute une autre, non plus horizontale, mais verticale. L'univers dans sa totalité constitue le grand Kosmos, dont le Logos est le grand-prêtre. Par ailleurs, l'homme forme le microcosme, dont la structure est parallèle à celle de l'univers et dont le νοῦς est le chef. L'homme n'est pas une partie du Kosmos. Il est l'image du Logos, comme le Kosmos est image du Logos. Ainsi étudierons-nous successivement ces deux domaines en envisageant pour chacun d'entre eux l'aspect intelligible et l'aspect sensible [1].

L'opposition d'un κόσμος νοητός et d'un κόσμος αἰσθητός est un thème platonicien, encore que Philon lui ait donné son empreinte : « Ce Kosmos-ci est le fils cadet de Dieu, en tant que sensible; le fils aîné, le monde intelligible, est conçu comme demeurant près de lui » (*Imm.*, 31). Le traité « *De Opificio* » explique ce qu'est le monde intelligible : « Dieu ayant prévu qu'une imitation ne saurait être belle, si elle ne reproduisait pas un exemplaire (ἰδέα) archétype et intelligible, voulant créer le monde sensible, a d'abord préformé le monde intelligible, afin que, se servant du modèle incorporel et déiforme, il réalisât le corporel; l'image est plus jeune que l'aîné, destinée à contenir autant de genres sensibles qu'il en existe d'intelligibles dans l'aîné » (*Op.*, 15-16). Philon compare alors Dieu à un architecte qui avant de construire une ville en construit

---

(1) Voir G. LINDESKOG, *Studien zum neutestamentlichen Schöpfungsgedanken* Upsala, 1952, pp. 135-163.

## LA THÉOLOGIE DE PHILON

d'abord le modèle (*Op.*, 17-20). Ce Kosmos noêtos est conçu comme un monde (πολιτεία) d'idées incorruptibles et incorporelles.

La question qui se pose ici est de savoir où situer ce monde des idées et des genres. La question a été étudiée de près par Wolfson. Il rappelle que, dans la pensée antique, on rencontre à ce sujet trois interprétations. Pour Platon, il existe un monde des idées, créé, qui est le monde souverainement réel. Pour Aristote, les genres n'existent pas en dehors des individus concrets dans lesquels ils se réalisent. Enfin, une certaine lignée platonicienne voit les idées existant seulement dans la pensée divine. Il estime que Philon a gardé cette triple interprétation, et que les idées, comme le Logos qui en serait seulement l'unité, existeraient à la fois sur trois plans, en tant que pensées par Dieu et non distinctes de Lui, en tant que monde intelligible créé et en tant que réalisées dans le monde sensible (I, pp. 200 sq.; 290 sq).

Cela paraît une simplification de la pensée de Philon. Il est sûr qu'il y a une relation entre les idées et le Logos. Mais pas plus qu'on ne peut dédoubler le Logos immanent de Dieu d'un Logos créé, on ne peut distinguer un monde d'idées créées et un monde d'idées incréées. Le monde des idées participe de l'ambiguïté même du Logos. Nous avons vu que celui-ci était appelé « lieu des idées ».

D'autres textes nous montrent cette relation : « De même que la ville préformée dans l'architecte n'a pas de lieu en dehors, mais est imprimée dans l'âme de son auteur, de la même manière le monde des idées ne saurait avoir d'autre lieu que le divin Logos qui l'a disposé » (*Op.*, 20). En ce sens le monde des idées est identique au Logos lui-même en tant qu'il pense le monde. Il subsiste dans le Logos : « S'il faut parler en termes clairs, je dirai que le Kosmos noêtos n'est rien d'autre que le Logos de Dieu créant le monde, de même que la ville intelligible n'est rien d'autre que la pensée (λογισμός) de l'architecte méditant la création de la ville. Ceci, ce n'est pas moi qui le dit, mais Moïse lui-même. Décrivant la création de l'homme, il expose qu'il a été formé à l'image de Dieu.

Si la partie est image d'image (εἰκών εἰκόνος), la figure entière, la totalité du monde sensible est imitation de la divine image, et le sceau archétype que nous appelons monde intelligible doit être le Logos divin lui-même » (*Op.*, 25).
Mais, par ailleurs, ce monde intelligible a une réalité propre. Il appartient au domaine de la création. Il se trouve ainsi par rapport au Logos dans une relation analogue à celle de celui-ci au Père. C'est ce monde intelligible qui a été créé au commencement :

« Le créateur a d'abord créé un ciel incorporel et une terre invisible et une idée de l'air et du vide, puis une essence incorporelle de l'eau et du souffle et, après tout cela, de la lumière septénaire qui était à son tour modèle incorporel et intelligible du soleil et de tous les astres brillants qui devaient exister dans le ciel. Ce soleil intelligible surpasse autant en éclat et en luminosité le visible que le jour la nuit et l'obscurité, et l'esprit les yeux du corps. Cette lumière invisible et intelligible est l'image (εἰκών) du Logos divin qui a révélé sa création (*Op.*, 29-31). »

De même en est-il des autres exemplaires : « Le soir et le matin doivent être considérés parmi les réalités incorporelles et intelligibles. Il n'y a absolument rien de sensible en elles, mais ce sont seulement idées (ἰδέαι) mesures, formes (τύποι) et sceaux (σφραγῖδες) incorporels en vue de la création d'autres réalités corporelles » (*Op.*, 34).
Cette création du monde intelligible est simultanée. Philon commente en ce sens, avant saint Basile, le μία ἡμέρα des *Septante* : « Le Créateur a nommé la mesure nécessaire du temps : jour, non : premier jour (πρώτη), mais jour unique (μία), appelé ainsi à cause de l'unité du monde intelligible qui a une nature une (μοναδική) » (*Op.*, 35). Nous nous rappelons que « jour » est un des noms du Logos pour Philon. L'ordre dans lequel la Genèse décrit les étapes de la création n'est donc pas à prendre au sens chronologique, pour ce qui est du monde intelligible, mais au sens logique : « Si le Créateur a tout créé

## LA THÉOLOGIE DE PHILON                171

à la fois, ce qui était créé de façon belle n'en avait pas moins un ordre. Cet ordre (τάξις) est l'enchaînement (ἀκολουθία) et le lien des choses qui précèdent et suivent, sinon dans leur accomplissement au moins dans leur conception » (*Op.*, 28). Nous retrouverons la pensée et les expressions chez Grégoire de Nysse.

Ainsi pourrons-nous conclure en ce qui concerne le monde intelligible. Il est impossible d'y distinguer plusieurs plans. Les expressions apparemment opposées qui le décrivent montrent qu'on ne pent ni le réduire au Logos, ni l'opposer à lui. Il constitue un ordre à part, celui des idées subsistantes dont le lien est bien le Logos, mais qui correspondent, par ailleurs, à une action du Logos qui les constitue en lui ou en qui Dieu les constitue. Elles sont ainsi postérieures par rapport à la génération du Logos, au moins dans l'ordre logique. Mais, en même temps, elles ne sont pas parfaitement distinctes de lui. De même que le Logos est le terme d'une action de Dieu qui n'est pas proprement création, mais acte de pensée, de même le monde intelligible est le terme d'une action du Logos en tant qu'objet de pensée. Wolfson a eu raison de voir dans ces trois données trois aspects de Dieu : νοῦς, νοητός, νοητόν. Mais il va trop loin, quand il pense que ces trois opérations constituent des plans de réalité distincts. C'est le même κόσμος νοητός qui est l'objet de la pensée divine et qui subsiste dans sa réalité propre.

Au monde intelligible s'oppose le monde sensible qui est créé ensuite : « Le monde incorporel désormais avait ses frontières constituées dans le Logos divin. Le monde sensible a été mené à son accomplissement sur le modèle de celui-ci » (*Op.*, 36). Le *De opificio* décrit longuement les étapes de [cette création effective. Ici, c'est d'un exposé proprement cosmologique qu'il s'agit. Philon y dépend de la philosophie de son temps plus que partout ailleurs et en particulier d'Aristote et des stoïciens. Nous remarquerons seulement que Philon joint à la doctrine de la supériorité du monde intelligible, une admiration très grande du monde sensible et en particulier du ciel. Si les philosophes païens ont eu tort de l'adorer, il n'en reste pas moins que sa contemplation doit conduire à la connaissance de l'existence et des attributs divins. La contemplation du Kosmos représente ici la première étape dans la montée de l'intelligence vers Dieu comme elle est la dernière dans l'ordre de la procession des réalités [1].

## VI

### L'HOMME

Le parallélisme du κόσμος et de l'ἄνθρωπος est un thème constant dans Philon. Dans son exégèse, l'interprétation cosmologique et l'interprétation psychologique sont sans cesse mises en parallèle. Ainsi l'arbre de vie est à la fois figure du soleil et du νοῦς. La cité de Dieu, que réjouit le fleuve, c'est d'abord le Kosmos qui a reçu la liqueur divine en plénitude et exulte de la joie éternelle ; c'est ensuite l'âme du sage où Dieu est dit circuler comme dans une cité (*Somn.*, II, 247-248). L'échelle de Jacob sur laquelle circulent les anges « c'est symboliquement dans le κόσμος l'air dont la base est la terre et le sommet le ciel. Telle est l'échelle symbolique du monde. Si nous considérons celle de l'homme, nous trouverons que c'est l'âme dont la base est la partie sensible, la sensation corporelle, et la tête la partie la plus haute, le νοῦς » (*Somn.*, I, 144-146). Le macrocosme et le microcosme sont les deux parties de la création, en relation de dépendance réciproque, mais cependant distinctes, et présentant une structure analogue.

De même que la création du κόσμος νοητός précède celle du κόσμος αἰσθητός, de même la création de l'homme à l'image précède celle de l'homme modelé avec la terre : « Il y a une différence très grande entre l'homme modelé maintenant et celui qui a été fait auparavant à l'image de Dieu. En effet celui qui est modelé est sensible, ayant des qua-

(1) Voir FESTUGIÈRE, *Le dieu cosmique*, pp. 554-572 qui traduit un nombre considérable de textes.

lités, composé de corps et d'âme, homme ou femme, mortel par nature. Mais celui qui a été fait à l'image est une idée (ἰδέα), un genre, un sceau (σφραγίς), intelligible, incorporel, ni homme ni femme, de nature incorruptible » (*Op.* 134-135). » Et ailleurs : « Il y a deux espèces d'hommes : l'homme céleste et l'homme terrestre. L'homme céleste en tant que créé à l'image de Dieu n'a pas de part à la réalité corruptible et en général terrestre, l'homme terrestre est issu d'une matière éparse, qui est appelée glaise. Aussi l'Écriture dit que l'homme céleste a été non pas façonné, mais formé à l'image de Dieu et que l'homme terrestre est façonné, mais non engendré par l'artiste (*Leg. All.*, I, 31-32). »

Ce commentaire est fondé sur la distinction dans la Genèse entre les deux passages *Gen.*, I, 26 et II, 7. L'interprétation de Philon connaîtra une singulière fortune, on sait en particulier qu'elle sera reprise par Grégoire de Nysse, qui s'inspire expressément du *De Opificio* de Philon dans son traité de la *Création de l'Homme*. Mais l'opposition des deux hommes était susceptible de plusieurs interprétations. Celle de Philon ne fait pas de doute, après ce que nous avons vu auparavant. L'homme créé à l'image est l'idée archétype de l'homme préexistant dans le Logos. Elle ne correspond pas à un état concret de l'humanité, comme Origène le pensera en admettant une préexistence réelle de l'homme dans un monde idéal. L'idée de l'homme est dans la même relation au Logos que l'idée du κόσμος. Et cela nous explique une expression que nous avons laissée de côté jusqu'ici, celle où Philon, parmi les titres du Logos, mentionnait celui « d'homme à l'image » (*Conf.*, 146). En effet, l'homme à l'image est un aspect du Logos en tant que lieu des idées archétypes.

Toutefois, si l'homme présente une analogie avec le κόσμος il a une structure particulière. En effet, il lui est essentiel d'être constitué de deux éléments, l'un corporel et l'autre intellectuel, le σῶμα et le νοῦς. Ces deux aspects ont l'un et l'autre leurs idées archétypes. « Avant l'intelligence particulière et individuelle, il existe une idée qui en est comme le modèle et l'exemplaire, et avant la sensation particulière

une idée de la sensation qui est comme un cachet (σφραγίς) imprimant ses formes » (*Leg. All.*, I, 22). Ils sont réalisés ensuite concrètement, ce dont Philon voit un symbole dans la création de l'homme et de la femme : « Après l'intelligence, il fallait tout de suite faire la sensation, qui en est l'aide et l'alliée. Ayant façonné l'intelligence, Dieu façonne une œuvre qui est en rang et en puissance seconde, la sensation en acte, pour compléter l'ensemble de l'âme (*Leg. All.*, II, 24). »
Mais entre ces deux parties de l'homme, il y a une hiérarchie. Le νοῦς est fait pour commander aux sensations et aux passions. Philon reprend ici à Platon l'image du cocher (*Sacr.*, 49). Cette hiérarchie est fondée sur une différence de nature. Le νοῦς présente en effet une dignité éminente. Il est créé à l'image de Dieu : « L'image est dite en relation avec le principe dirigeant de l'âme, le νοῦς » (*Op.*, 69). Du fait de cette relation, il présente une analogie avec Dieu. Il est incompréhensible comme lui : « Qu'y a-t-il d'étonnant à ce que l'être soit incompréhensible (ἀκατάληπτος) aux hommes, alors que l'esprit (νοῦς) lui-même, qui est en chacun de nous, nous est inconnaissable (ἄγνωστος) » (*Mut.*, 10). Et ailleurs : « L'intelligence qui est en chacun de nous est capable de connaître les autres êtres, mais elle est incapable de se connaître elle-même » (*Leg. all.*, I, 91). Il y a dans l'homme une parenté (συγγένεια) avec Dieu (*Op.*, 145). Il est « une empreinte, un fragment, un rayon de la nature bienheureuse » (*Op.*, 146).
Du coup, la relation de l'homme et du Kosmos est modifiée. Ce que le Logos est au Kosmos, le νοῦς l'est au σῶμα. Il y a une analogie entre la fonction directrice du Logos par rapport au Kosmos et celle du νοῦς par rapport aux sensations et aux passions. Et cela est fondé sur une parenté réelle : « Dieu a inspiré à l'homme de sa propre divinité : celle-ci a marqué invisiblement l'âme invisible de ses propres traits, afin que la région terrestre elle-même ne soit pas privée de l'image de Dieu. Et ce modèle était à ce point invisible que l'image elle-même reste soustraite à la vision » (*Det.*, 86-87).
Nous voyons ainsi apparaître une nouvelle hiérarchie. Le Logos est d'une part en relation avec les anges, qui sont

appelés aussi logoi ; il est en relation avec les idées archétypes du Kosmos, qui sont aussi appelés logoi ; il est enfin en relation avec l'esprit humain, qui est lui aussi un logos. Mais ces trois relations sont distinctes et si les trois réalités sont rattachées au Logos, cela n'implique pas de hiérarchie entre elles. En interprétant, comme il l'a fait, le récit de la Genèse et en voyant dans l'εἰκών le νοῦς humain, Philon a accompli une vraie révolution et inauguré une théologie. J. Giblet a bien noté cela : « Alors que, pour toute la pensée grecque, « image » se tient du côté du monde sensible et visible, une révolution s'opère soudain. L'image de Dieu dont parle Moïse, devient l'expression, par excellence, de la valeur invisible et spirituelle de l'intelligence. C'est que la perspective a changé : l'opposition fondamentale n'est plus entre deux univers, l'un sensible et l'autre intelligible ; elle est bien plutôt entre Dieu et le créé »[1]. Il faudrait compléter cela en disant que la notion philonienne d'εἰκών, d'une part marque la différence de l'esprit créé et de l'esprit incréé — et, de l'autre, leur parenté. On voit, par suite, que par cette ambiguïté elle va créer pour la théologie chrétienne de la grâce et de la nature les mêmes difficultés que l'ambiguïté du Logos allait créer à la théologie trinitaire.

## VII

### LA GRACE

Les études que nous avons faites des différents aspects de la création chez Philon ont pu nous donner l'impression que les frontières entre le monde divin et le monde créé n'étaient pas parfaitement déterminées et par conséquent que le caractère absolu de la transcendance que nous avions posé comme caractérisant sa pensée était menacé. Cette impression a besoin d'être corrigée par une dernière consta-

(1) L'homme image de Dieu dans les Commentaires littéraires de Philon, *Studia hellenistica* (Louvain), 5, 1948, p. 99.

tation. Il est parfaitement exact que Philon admet une certaine connaturalité entre Dieu et la créature. Mais cette συγγένεια est quelque chose qui n'appartient pas à celle-ci par nature, mais qui est un pur don de Dieu. Entre Dieu et sa créature existe l'abîme essentiel, qui est précisément la création. Et c'est là, nous l'avons vu, ce qui caractérise précisément la transcendance biblique. Elle ne signifie pas que l'homme n'ait aucune parenté avec Dieu, mais que cette parenté soit un don gratuit de Dieu.

Ainsi l'impiété, c'est de se faire cause, de s'attribuer quelque chose : « Par le véritable et seul Dieu, il n'y a rien, à mon avis, de si honteux, que de croire que c'est moi qui pense et moi qui sens » (*Leg. All.*, II, 68 ; cf. III, 81). « Quiconque ose dire que quelque chose est à lui sera inscrit comme esclave pendant toute l'éternité » (III, 198). « Qu'y a-t-il de plus dangereux pour l'âme que de s'attribuer par jactance ce qui est à Dieu? En effet agir est le propre de Dieu et il n'est pas permis de l'attribuer à aucune créature — et le propre de celle-ci est de pâtir » (*De Cher.*, 77). C'est là le péché de Caïn : « Il y a deux opinions contraires en opposition l'une avec l'autre : l'une permet tout à l'esprit (τῷ νῷ), comme étant le principe du sentir et du toucher, du mouvoir et du reposer ; l'autre ttribue tout à Dieu, puisqu'Il en est l'artisan. Le type de la remière attitude est Caïn, dont le nom signifie possession, parce qu'il croit que tout lui appartient ; le type de la seconde est Abel qui signifie « relation à Dieu » (*De Sacr.*, 2).

Philon analyse davantage les divers aspects de ce péché de φιλαυτία dans le même ouvrage :

« Il y a trois manières de pécher (contre l'action de grâces). Les uns, en oubliant les bienfaits reçus, se privent de l'action de grâces qui est un grand bien. D'autres par un excessif orgueil, se croient les auteurs de leurs propres biens et non celui qui en est la cause véritable. Les troisièmes pèchent moins que ces derniers, mais plus que les premiers. Ils rapportent bien ce qu'ils ont de bon à Dieu qui en est l'auteur, mais ils disent l'avoir obtenus à bon droit. C'est parce qu'ils

## LA THÉOLOGIE DE PHILON 177

sont prudents, courageux, tempérants et justes qu'ils sont par Dieu jugés dignes de ses grâces » (*De Sacr.*, 54).

L'attitude visée ici est très proche du pharisaïsme et nous montre chez Philon un sens de la gratuité des dons de Dieu voisine de saint Paul. Même position encore dans le *De Posteritate Caïni* :

« Ceux qui prétendent que tout ce qu'il y a dans leur pensée, leur sensibilité, leur discours est un don de leur esprit professent une opinion impie et athée et sont comptés dans la race de Caïn, lui qui, n'étant pas même son propre maître, a émis la prétention de posséder toutes les autres choses. Mais ceux qui ne s'attribuent pas tout ce qu'il y a de beau dans la nature, le rapportent aux grâces divines, ceux-là sont vraiment de noble race » (*De post.*, 42).

C'est qu'en effet « tout est à Dieu, θεοῦ γὰρ τὰ κτήματα : celui qui s'attribue quelque chose le vole à un autre et il a une blessure très douloureuse à guérir, l'orgueil (οἴησις), parent de l'ignorance et de la stupidité » (*Leg. All.*, III, 33). Le *De Cherubim* insiste spécialement sur cette doctrine : « Aucun mortel n'est en possession durable d'aucun bien. Dieu seul doit être tenu pour maître et seigneur et lui seul peut dire : Tout est à moi » (*Cher.*, 83). La pensée se précise plus loin : commentant *Lev.*, XXV, 23 : « La terre ne vous sera pas donnée à perpétuité. En effet, tout est à moi et vous êtes des hôtes et des étrangers devant moi, Philon écrit : « Est-ce que ceci ne nous enseigne pas très clairement que la possession de toutes choses appartient à Dieu, et que l'homme n'en a que l'usage (χρῆσις opposé à κτῆσις) ? Rien ne pourra être vendu à aucune créature à perpétuité, puisqu'un seul est proprement possesseur de tout. Dieu a concédé à tous l'usage de toutes les créatures, en ne faisant aucun être particulier parfait, si bien qu'il n'ait pas besoin des autres. Ainsi, désirant obtenir ce dont il a besoin, il va vers eux. Il en est ainsi comme d'une lyre, faite de cordes variées : par leurs échanges et leur mélange, les divers êtres sont conduits à la communion et à l'accord (κοινωνία καὶ συμφωνία) d'où résulte la perfection de tout l'univers » (*Cher.*, 108-110).

Suit une description à la manière de Posidonius (et de Cicéron) de la sympathie universelle :

« La terre aime le ciel, l'air, l'eau, etc. en sorte que chacune est chère à chacune et pour ainsi dire toutes à toutes en vue de l'usage mutuel. Et ainsi cet univers, dont ce sont là les parties, est une œuvre achevée, digne de son auteur. Celui-ci s'est réservé la propriété, il a donné à chacun l'usage et la jouissance d'elle-même et des autres. Aussi, avons-nous l'usage de nous et de ce qui nous entoure. Mais aucune de ces choses ne m'appartient en propre. Où était mon corps avant ma naissance ? Où va-t-il être après ma mort ? D'où vient l'âme ? Où ira-t-elle ? Combien de temps sera-t-elle notre hôtesse ? Quelle est son essence ? Pouvons-nous le dire ? Quand l'avons-nous acquise ? Avant la naissance ? Mais nous n'existions pas encore ? Après la mort ? Mais alors nous ne serons plus composés, mais nous irons vers une nouvelle naissance. Certes, en cette vie, nous sommes propriétés plus que propriétaires, et nous sommes connus plus que nous ne connaissons. Il nous connaît sans que nous le connaissions et nous donne des commandements auxquels nous obéissons comme des serviteurs au Maître. Et lorsqu'il voudra, il ordonnera notre retour vers notre principe, laissant déserte notre demeure — et nous nous efforcerons en vain de retenir notre âme, car elle échappe aux prises du corps. Tout cela nous prouve que nous usons de biens qui sont à un autre. Dès lors si nous jugeons bien, usant des choses, nous en prendrons soin, comme étant à Dieu, en prévoyant que Dieu pourra nous les réclamer quand il le voudra » (111-118).

Ce passage est en lui-même remarquable par sa force et sa plénitude. Il a l'intérêt de nous faire toucher la méthode de Philon. Le fond en est biblique — et c'est la pensée du *Lévitique*. Mais, sur ce fond, viennent jouer des thèmes stoïciens, platoniciens, cyniques. Stoïcienne l'idée de la συμπάθεια universelle, du mélange total, de l'harmonie des contraires. C'est la doctrine de Posidonius, que nous retrouvons dans la *De natura deorum* de Cicéron. Platonicienne l'idée de l'âme étrangère dans le corps et qui retourne un jour à son principe. Cynique la méthode de la diatribe qui oblige l'homme à reconnaître son indigence et son caractère d'hôte de passage. On voit aussi comment chez Philon se fait déjà cette synthèse, qui sera toute la pensée occidentale, et qui a permis à Harnack de dire de lui qu'il était le premier des théologiens.

Cette doctrine, ici spécialement développée, est partout dans Philon et l'inspire toujours.

« Tu n'as aucun bien en propre. Mais ce que tu crois avoir, un autre te l'a procuré. Il s'ensuit que c'est de Dieu que nous viennent tous les biens et non d'une créature placée après Lui et qui tendrait les mains vers Lui. Ainsi tout ce que tu prends, ne le prends pas comme tien, mais considère ce qui t'est donné comme un prêt et un dépôt et rends-le à Celui qui te l'a confié et remis, donnant ainsi grâce pour grâce, grâce nouvelle pour grâce ancienne, grâce qui remercie contre grâce qui prévient. Or, beaucoup ont fait mauvais usage des saints dépôts, abusant de choses qui ne leur appartiennent pas comme si elles étaient à eux, dans l'excès de leur cupidité. Mais toi, homme noble, applique-toi de toutes tes forces non seulement à garder intact et sans tache ce que tu as reçu, mais veille avec soin à ce que celui qui t'a donné ce dépôt n'ait pas à se plaindre de la façon dont tu l'as gardé » (*Her.*, 103).

Il suit de là que lorsque nous rapportons à Dieu ce qui lui appartient, par le sacrifice spirituel et l'action de grâces, nous ne faisons que lui rendre ce qu'il nous a donné :

« S'il ne te donne pas, tu n'auras pas, puisque tout est à lui, les biens extérieurs, le corps, la sensibilité, la raison, l'esprit et les activités et les essences de tout. Et non pas toi seulement, mais le monde. Tout ce que tu y mettras de côté, tu trouveras que c'est le bien d'autrui. En effet, la terre, l'eau, les étoiles, toutes les espèces animales et végétales, tu n'en possèdes rien comme tien. C'est pourquoi tout ce que tu produiras de ces choses pour les offrir, c'est une chose qui appartient à Dieu et non à toi que tu présenteras » (*De sacr.*, 97).

Ainsi, la sagesse c'est de reconnaître que tout vient de Dieu. Dans les *Lois Allégoriques*, Philon nous montre Adam se cachant au milieu des bois du Paradis :

« Celui qui fuit Dieu se réfugie en lui-même. Comme il y a l'intelligence de l'Univers, qui est Dieu, et l'intelligence particulière, celui qui s'enfuit de sa propre intelligence se réfugie dans celle de l'univers, car celui qui abandonne son intelligence propre reconnaît le néant de tout ce qui est selon l'intelligence et rattache tout à Dieu ; inversement celui qui fuit Dieu dit que celui-ci n'est cause de rien et que lui-même est cause de tout ce qui arrive... L'intelligence qui doit être amenée au-dehors doit renoncer à tout, aux nécessités du corps, aux organes des sens, aux discours spécieux et finalement à elle-même » (III, 29 et 41).

Aussi Isaac, la joie de l'âme, quand il s'entretient avec Dieu et se réfugie auprès de lui, s'en va en s'abandonnant lui-même ainsi que sa propre intelligence : « Isaac, dit-il, s'en alla l'après-midi dans la plaine pour s'entretenir (avec Dieu). » Et Moïse, la parole prophétique :

« Lorsque je m'en irai de la cité, c'est-à-dire de l'âme, j'étendrai les mains, je découvrirai et déploierai toutes mes actions devant Dieu, en invoquant comme témoin et surveillant de chacune d'elles, celui devant qui, par sa nature, le vice n'est plus caché. Lorsque l'âme dans toutes ses paroles et ses actions, se sera déployée à découvert et consacrée (ἐκθειασθῇ), les voix qui viennent des sens s'arrêtent ainsi que tous les bruits tumultueux. Le visible parle et appelle à lui la vision, la voix appelle l'ouïe et en général le sensible appelle le sensible. Tout cela s'arrête lorsque la pensée sortie de la cité de l'âme rattache à Dieu ses actes et ses réflexions. En effet les mains de Moïse sont lourdes (III, 43-45). »

# CHAPITRE VI

# LA SPIRITUALITÉ DE PHILON

Nous avons vu que Philon était un théologien biblique de grande envergure. Pourtant, ce qui frappe celui qui lit son œuvre, c'est avant tout l'ardente inspiration mystique qui la traverse. Nous savons, d'ailleurs, par son propre témoignage que dans les débuts de sa vie, il s'abandonna à la contemplation. Son œuvre contient ici le témoignage d'une expérience et c'est ce qui lui donne sa valeur [1]. Mais, en même temps, Philon est un spéculatif qui s'est efforcé de donner de son expérience une formulation théorique. C'est pourquoi nous trouvons à la fois chez lui un témoignage personnel et un effort de systématisation doctrinale. Le livre essentiel sur cet aspect de Philon est celui de Völker [2]. L'auteur s'est efforcé de montrer que l'expérience philonienne était biblique, mais que sa formulation était hellénistique. Sa conclusion est donc exactement la même, sur le plan spirituel que celle de Wolfson sur le plan doctrinal.

L'intérêt de cet aspect de Philon est double. En premier lieu, la spiritualité de Philon présente des points de contact frappants avec celle du Nouveau Testament et un particulier de saint Paul. Les mots de foi, d'espérance, de charité, d'humilité, y apparaissent fréquemment. Cela ne signifie pas une influence de l'un des écrits sur l'autre, mais que nous touchons à l'arrière-plan de l'un et de l'autre, au courant piétiste juif,

---

(1) Sur la prière chez Philon, voir Curtis W. LARSON, Prayer of petition by Philo, *J.B.L.*, 1946, pp. 185-203.
(2) *Fortschritt und Vollendung bei P. von A.*, Leipzig, 1938.

sur lequel Hoskyns a justement attiré l'attention. En second lieu, et cette fois dans le sens d'une dépendance certaine, Philon est le premier à avoir élaboré cette spiritualité de la θεωρία et de l'ἀπάθεια, que Clément d'Alexandrie, Origène, Evagre, Cassien transmettront au moyen âge. Cette spiritualité a été l'objet de bien des critiques. On y a vu une déformation de l'idéal évangélique dans le sens de l'idéalisme platonicien. Nous dirons qu'elle apparaît bien plutôt comme une incarnation de l'esprit de l'Évangile dans les structures de l'ascèse hellénistique, qui n'en constitue pas une déformation. Toutefois, il faut reconnaître, avec Völker, que le courant grec et le courant biblique se mêlent chez Philon sans se confondre toujours, d'où le sentiment d'une certaine incertitude quant à l'interprétation de sa pensée.

L'étude de la vie spirituelle selon Philon s'exprime tout naturellement dans les cadres que lui-même lui donne et qui en décrivent les étapes. Ces étapes correspondent à sa vision du monde, et le lien de l'ontologie et de la spiritualité n'est pas un des moindres intérêts de sa théorie. Il y a tout en bas le monde du péché, celui des âmes qui se laissent séduire par les apparences du plaisir et du discours et dont le symbole est l'Égypte habitée par les hommes de la terre : « Les hommes de la terre sont ceux qui poursuivent la jouissance des plaisirs du corps et s'appliquent à en user. » Vient, ensuite, le monde de l'esprit, que l'homme découvre en rentrant en lui-même, en prenant conscience de sa nature spirituelle et qui le restitue dans le monde intelligible : c'est celui des hommes célestes : « Les hommes du ciel sont ceux qui s'appliquent à la connaissance et à l'ascèse : en effet l'élément céleste est en nous l'esprit. » Enfin, vient le monde de Dieu, où l'homme accède au-delà de lui-même : « Les hommes de Dieu sont les prêtres et les prophètes, qui ne se sont pas contentés d'obtenir la sagesse du monde et de devenir cosmopolites, mais ont émigré dans le monde intelligible et y ont fixé leur demeure » (*Gig.*, 61).

Nous retrouvons d'ailleurs, ici, une échelle analogue à celle des sens de l'Écriture, depuis le sens purement matériel jusqu'au sens mystique en passant par le sens anthropologique.

Les différentes étapes de ce progrès sont désignées par Philon par un groupe d'expressions qui revient constamment et qui est emprunté à Aristote : il s'agit de la triple source de la vertu par nature, ascèse et instruction. Mais Philon établit entre ces trois termes une hiérarchie : l'instruction est la première étape qui correspond à la conversion et à l'initiation première reçue du dehors : c'est la pratique littérale de la Loi, la θέσις. L'ascèse vient ensuite qui correspond à la période du progrès et couvre l'itinéraire qui va du monde sensible au monde intelligible et du monde intelligible à Dieu. Enfin, la nature correspond à la perfection, à la vertu qui n'est plus apprise par l'instruction ou acquise par l'effort, mais reçue par Dieu. Nous savons qu'à ces trois étapes correspondent Abraham, Jacob et Isaac.

1º — La première étape de la vie spirituelle est la conversion par laquelle l'âme se détourne du péché pour se convertir à la vertu. Le *De Migratione Abrahæ* présente cette conversion comme une triple migration :

« Voici ce que signifie la parole de Dieu à Abraham : Sors de ta terre, de ta famille et de la maison de ton père. Sors de ton enveloppe terrestre, de la prison souillée de ton corps, des plaisirs et des passions qui t'y tiennent emprisonné. Sors aussi de la parenté de tes sens : tu t'es prêté à eux, et tu es devenu le bien de ceux à qui tu t'es prêté, en te perdant toi-même. Sors enfin du discours, de peur que passionné par la beauté des mots, tu ne deviennes étranger à la beauté des réalités que ces mots signifient » (*Migr.*, 2).

Ce texte, pris à la lettre, a un caractère platonicien. Le corps est considéré comme une prison qui souille l'âme, selon la doctrine du Phédon ; les sens sont des tyrans dans l'esclavage desquels l'âme est tombée ; le troisième aspect enfin, le discours, se rattache à la critique platonicienne des sophistes, ami des beaux discours et correspond au type du rhéteur, à l'usage purement esthétique du langage, que nous voyons critiquer par toute la philosophie antique. Toutefois, il ne faudrait pas trop accuser le caractère platonicien. En effet, nous voyons dans les *Leg. All.* Philon rappeler que la sensation est en soi une chose indifférente (III, 67). Il en est de même du discours. Et nous avons vu que la rhétorique est considérée par lui comme rentrant dans l'éducation du sage. Ce qui est coupable, c'est donc pour l'esprit de se laisser dominer par le corps, la sensation ou le discours, alors qu'ils sont des auxiliaires donnés à l'esprit, comme Ève à Adam (*Leg. All.*, II, 44) :

« La sensation a deux maris, l'un légitime, l'autre séducteur. A la façon d'un séducteur, le visible excite la vue, la voix, l'ouïe, la saveur, le goût. Ils détournent et appellent vers eux la sensation sans raison ; ils la dominent et la maîtrisent. Vois donc le glouton comme il est esclave des mets préparés par l'artifice des cuisiniers et des pâtissiers ; et cet homme, agité pour un chant, comme il est dominé par une cithare ou une flûte ; mais la sensation qui s'est retirée chez son mari légitime, l'intelligence, en tire le plus grand profit (III, 220-221). »

Le nom du séducteur est le plaisir αἴσθησις, qui est symbolisé par le serpent. « Le plaisir a été assimilé au serpent pour la raison suivante. Comme celui du serpent, le mouvement du plaisir est enroulé et compliqué ; il fait d'abord cinq tours ; car les plaisirs viennent par les cinq sens et parce qu'autour de chacun d'eux, il a plusieurs replis : par la vision viennent tout de suite des plaisirs variés, les arts du dessin, la sculpture, la diversité des plantes, et les belles formes variées des animaux » (II, 74). Ce sont ces plaisirs qui enchaînent l'âme et la rendent captive : « Le serpent, le plaisir, est de lui-même mauvais. On ne le trouve pas du tout chez le sage » (III, 68). Et Philon reprend le mythe platonicien du *Phédon* pour montrer l'esprit esclave des sens : « Quand le cocher est le maître et guide des bêtes, le char est amené où il veut ; quand les bêtes sont devenues maîtresses, le cocher a été souvent entraîné. De la même façon, lorsque le guide ou le pilote de l'âme commande à l'animal, la vie est droite ; mais lorsque la sensation commande à la raison, une terrible confusion s'en empare (III, 223-224). »

Le caractère essentiel du monde sensible est pour Philon — et cela encore est bien platonicien — son instabilité. C'est un monde sans consistance, que Philon compare à l'agitation vers laquelle Caïn fuit la face de Dieu :

« Le législateur nous montre par là que l'insensé agité de mouvements instables et inconstants, comme une mer houleuse sous les vents contraires au moment de la tempête, subit l'agitation et la dispersion et pas même quand il dort ne jouit de la paix et de la tranquillité. Comme un navire, qui danse en pleine mer, est incapable de naviguer et de progresser, mais s'incline tantôt d'un côté, tantôt de l'autre, et tangue en se balançant, ainsi le méchant, ayant l'esprit égaré et agité, incapable de diriger sa propre navigation sans tomber, est toujours emporté par les soucis vers sa propre destruction (*Post.*, 22). »

A ce monde instable et changeant s'oppose le monde de l'esprit, qui est celui de la stabilité : « Dieu est ce qui se tient immobile — et la création est changement. Ainsi celui qui s'approche de Dieu désire la stabilité et celui qui s'en éloigne, se tournant vers la mobilité de la créature, est emporté par ses tourbillons » (24). Au contraire « l'âme de l'ami de Dieu, s'étant dégagée des corps et de ce qui lui est cher, s'étant enfuie bien loin, reçoit fixité, solidité et consistance dans les dogmes parfaits de la vertu » (*Leg. All.*, II, 55).

On peut rapprocher de cette vue de l'instabilité du monde des sens celle de son irréalité. La vie des sens est un monde illusoire, une apparence sans consistance que Philon compare à un sommeil : « Le sommeil profond et insondable, dont tout méchant est saisi, lui enlève les véritables connaissances, mais remplit son esprit d'images mensongères et de fantômes sans consistance, lui faisant prendre pour louables les choses coupables. Dans ses rêves, il se réjouit de ce qui est triste, sans même s'en apercevoir » (*Somn.*, II, 162). C'est une expression analogue qu'emploie Philon quand il parle « de la magie de la volupté » (*Post.*, 101). Toutes ces expressions décrivent l'irréalité de la vie du méchant. Elles sont en rapport avec la perspective platonicienne de l'irréalité du monde sensible et on les retrouvera chez Plotin et chez Grégoire de Nysse, qui parlera de « ce sommeil que suscitent dans l'esprit de ceux qui sont enfoncés dans le mensonge, ces songes illusoires que sont les puissances, les richesses, la puissance, la magie de la volupté, l'amour du plaisir » (*P. G.*, XLIV, 996 B).

La sortie du monde des apparences sensibles est l'entrée dans la vie de la foi. En effet, pour Philon, la foi est essentiellement l'acte par lequel l'âme adhère au monde immuable de Dieu en se détournant du monde instable de la vie sensible. Völker a bien remarqué qu'elle est en étroite relation avec la solidité (βεβαιότης) (p. 249). « La foi en Dieu est le seul bien sans mensonge et solide » (*Abr.*, 268). Elle s'oppose au crédit apporté aux biens apparents : « Le meilleur est de croire en Dieu et de ne pas se fier aux mouvements obscurs et aux imaginations instables » (*L. A.*, I, 164). La conception de la foi est à cet égard chez Philon très originale. Le mot n'a pas le même sens que chez Platon, chez qui la foi concerne la δόξα, l'opinion, et s'oppose à la science. Par ailleurs, il a parfois le sens biblique de foi dans la stabilité de la promesse divine (*Migr.*, 43). Mais son sens précis est l'adhésion de l'esprit aux réalités intelligibles qui sont stables et qui l'établit dans l'immutabilité.

2º — La sortie des sens et l'entrée dans la vie de la foi sont la démarche initiale, celle d'Abraham, le commençant. Elles inaugurent la voie du progrès, qui va conduire l'âme jusqu'à la perfection. Le progrès se présente sous deux formes — et cela encore est caractéristique de Philon : il est à la fois progrès de la connaissance et progrès des œuvres, πρᾶξις et θεωρία ou μάθησις. La voie de la μάθησις, de la connaissance, dont le modèle est Abraham, va conduire l'âme à travers diverses étapes qui se dégagent de l'ensemble de l'œuvre de Philon. La première étape est celle de la connaissance du monde, qui correspond aux études libérales, considérées comme propédeutiques à la sagesse et symbolisées par le mariage d'Abraham avec Agar. Nous avons parlé de cette παιδεία à propos de l'exégèse littérale et je n'y reviens pas. Elle apparaît comme un progrès par rapport au monde illusoire des sens, mais en même temps, elle est peu de chose comparée aux progrès ultérieurs. Il en sera ainsi à chaque étape et c'est ce qui explique que Philon puisse à la fois louer et critiquer la παιδεία. Elle est un premier progrès dans la vie de la connaissance. Même chez le parfait, qui n'en a plus besoin, elle reste un moyen de communiquer la sagesse. C'est ce moyen qu'Abel a méconnu.

Mais de la connaissance du monde, il faut passer à la connaissance de soi, Abraham, après avoir en Chaldée étudié le ciel, passe à Haran, qui désigne les cavernes des sens qui sont le début de la connaissance de soi. Dans un passage du *De Somniis*, Philon décrit ces étapes successives :

« Ayant quitté la Chaldée, Thera est dit avoir campé à Haran. Les Chaldéens font de l'astronomie, les citoyens de Haran s'occupent de la place des sens. Le texte sacré dit à celui qui examine les choses de la nature : Pourquoi fais-tu des recherches sur le soleil, pour savoir quelle est sa largeur, s'il est plus grand que la terre ? Pourquoi t'inquiètes-tu des rayons de la lune, pour savoir si son éclat lui vient d'ailleurs ou lui appartient en propre ? Pourquoi sauter ainsi de la terre au ciel ? Ne cherche pas, ô ami, à connaître ce qui est au-dessus de toi, mais près de toi. Ou plutôt cherche inlassablement à te connaître toi-même. Et comment te connaîtras-tu ? Va à Haran la creuse. Examine les cavernes des sens. Je ne te donne pas de plus grand commandement que de voir ta propre âme. C'est ce que les Hébreux nous disent que fit Thera, les Grecs Socrate. Et on dit que celui-ci passa sa vie à s'occuper attentivement du : Connais-toi toi-même » (I, 52-57).

Connaissance du monde et connaissance de soi sont d'ailleurs considérées seulement dans la mesure où elles sont une voie vers la connaissance de Dieu. La connaissance du monde, qui comprend en particulier celle du mouvement des astres, rejoint la preuve cosmologique de l'existence de Dieu. Elle nous fait connaître son existence par la contingence du monde visible et sa sagesse par l'ordre qui règne dans ce monde. La connaissance de soi va plus loin. Elle élève l'âme au-dessus du monde sensible et la réintroduit dans le monde intelligible à laquelle elle appartient par son νοῦς. Ce stade correspond à la vision platonicienne des idées, du Kosmos noètos, où l'âme rencontre les idées archétypes des choses, loin du monde changeant. Elle conduit l'âme à une connaissance déjà plus approchée de Dieu, dont le monde intelligible est l'image.

En même temps que cette croissante connaissance, la vie du progressant comprend une ascèse dont le modèle est Jacob. L'ascèse consiste essentiellement dans l'effort, le πόνος, expression que nous retrouvons chez les Pères du désert. Mais, en même temps, les vertus sont considérées comme des grâces de Dieu. Cette union de la grâce et de l'effort se retrouve d'ailleurs à tous les degrés de l'itinéraire spirituel. Elle apparaît dès la conversion, qui n'est pas possible sans la grâce de Dieu. Et tout le progrès est un don de Dieu : « L'intelligence humaine n'aurait pas eu l'audace de monter assez haut pour s'attacher à la nature de Dieu, si Dieu lui-même ne l'avait attirée vers Lui... C'est à Dieu qu'il convient de planter et d'édifier dans l'âme les vertus » (*Leg. All.* I, 39, 48). L'effort est au début laborieux : « Apre et austère est l'effort » (*Post.*, 154), parce que l'âme est grisée des joies sensibles. Mais à mesure que les biens spirituels lui deviennent plus réels, « Dieu transforme en douceur l'amertume de l'effort » (*Post.*, 154). L'image, qui restera classique, de ce changement est la transformation des eaux de Marra : « Ceux qui acceptèrent les réalités terribles du désert avec courage remporteront la victoire. Ce n'est pas que l'effort diminuera, mais il s'accompagnera de douceur. Il est dit, en effet, que l'eau devint douce » (*Congr.*, 165). Et ce qui donne cette douceur au πόνος, c'est l'éveil de la soif de Dieu, l'ἔρως divin (*Congr.*, 166).

L'effort ascétique comprend un double aspect. Il est d'une part lutte contre les passions, les πάθη. Philon garde la théorie platonicienne des passions, le θυμός et l'ἐπιθυμία. La première est la colère, la seconde le désir. Toutefois, il faut remarquer d'une part que ces expressions sont prises parfois au sens favorable, en tant que facultés de l'âme, et tantôt au sens défavorable, en tant que dispositions coupables. Dans le premier cas, seul leur abus est condamnable et l'idéal est la métriopathie platonicienne et aristotélicienne; dans le second, elles sont en elles-mêmes mauvaises, et l'idéal est l'apathie stoïcienne. Il semble que Philon ait hésité entre les deux. Mais le fond de sa pensée semble être que la métriopathie convient au progressant. Il ne peut détruire la passion et doit se contenter de la maîtriser : « Lorsque je suis allé à de riches dîners et que je n'étais pas arrivé avec la raison, je suis devenu l'esclave des mets préparés ; mais lorsque je suis venu avec la raison je devins d'esclave maître » (*Leg. All.*, III, 156). L'apathie est réservée au parfait : « Le texte indique la supériorité de l'apathie du sage sur la modération du progressant » (III, 144). C'est l'idéal de Moïse, dont Philon dit qu'il devait, pour recevoir les divins oracles « purifier son corps, en s'abstenant du contact de toutes les passions et en se purifiant de tout ce qui appartient à la nature mortelle » (*V. M.*, II, 68).

A la lutte contre les passions correspond l'acquisition des vertus. Le propre de l'ἀρετή, de la vertu, est pour Philon d'être configuration à Dieu. L'âme cesse de se conformer au sensible pour se conformer à l'intelligible : « La vertu céleste est plantée par Dieu dans la race mortelle : elle est une imitation et une image de la vertu céleste. Ayant eu pitié de notre race, Dieu enracina, comme soutien et sauvegarde contre les maladies de l'âme, la vertu terrestre, imitation de la vertu céleste et exemplaire » (*Leg. All.*, I, 45). Ceci encore est en relation avec la conception platonicienne de la ressemblance avec Dieu, qui interfère avec la doctrine biblique de l'εἰκών καὶ ὁμοίωσις. A l'idée de l'imitation de Dieu s'associe le thème de « suivre Dieu », qui est une transposition biblique de la doctrine stoïcienne du « suivre la nature ». Nous voyons, ici, cette compénétration des théories bibliques et platoniciennes s'accomplir.

Quant au détail des vertus, il s'agit ici des vertus morales ; Philon intègre à la pensée biblique la doctrine stoïcienne des quatre vertus, dont il voit le symbole dans les quatre fleuves du Paradis. Toutefois, en général, il voit d'abord une vertu générique qui est parfois la piété, parfois la bonté (*Leg. All.* I, 59), et dont le symbole est l'arbre de vie. Puis viennent les vertus particulières : « Par les fleuves, il veut indiquer les vertus particulières. Elles sont au nombre de quatre : prudence, tempérance, courage et justice. Le grand fleuve, d'où dérivent les quatre rivières est la vertu générique que nous avons nommée bonté » (I, 63). Mais à côté de ces vertus fondamentales, Philon connaît toute une psychologie morale qui unit les éléments grecs aux éléments bibliques. A la tempérance se rattache l'ἐγκράτεια, la continence. A la justice, l'ἰσότης, la mesure, et l'humilité (ταπεινοφροσύνη). L'amour du prochain est uni à l'amour de Dieu, la φιλανθρωπία à l'εὐσέβεια (*Abr.*, 208) et Philon parle d'« aimer les autres comme soi-même » (*Quæst. Gen.*, II, 25).

3º — Après la conversion, qui était rupture avec le monde irréel des apparences, le progressant est rentré en lui-même et a découvert progressivement la vie de l'esprit. Il reste, maintenant, une dernière étape à franchir, qui est la recherche de Dieu au-delà de l'esprit, la sortie de soi. C'est à proprement parler l'entrée dans la vie parfaite dont le modèle est Isaac :

« Si tu désires, ô âme, devenir héritière des biens divins, ne quitte pas seulement la terre, ton corps, ta parenté, les sens, et la maison de ton père, le discours — mais fuis-toi aussi toi-même et sors de toi (ἐκστῆθι), comme les corybantes et les possédés (κατεχόμενοι), inspiré et agité par Dieu d'un enthousiasme prophétique. L'état de l'esprit possédé par Dieu (ἐνθουσιώσης) et qui n'est plus en lui-même, mais sur lequel souffle l'amour céleste (ἔρως) et qui est tiré en haut vers lui, de l'esprit que la vérité précède pour écarter les obstacles devant ses pas et l'aider à marcher sur la voie royale, c'est là être héritier de Dieu » (*Her.*, 69).

Ce texte extraordinaire nous introduit bien à la troisième voie. De même que le progressant était au niveau de la vie de l'esprit et donc restauré dans le monde intelligible, le parfait sort de lui et du monde intelligible pour entrer dans le monde de Dieu, dans la ténèbre. Le principe de la vie spirituelle n'est plus ici la connaissance, l'ἐπιστημή, mais l'ἔρως, l'amour. Nous passons de la vie illuminative à la vie unitive. Par ailleurs, la vie du progressant était un effort pour acquérir les vertus. Ici, c'est Dieu qui remplit l'âme de ses grâces infuses, αὐτομαθεῖς. Enfin, cela culmine dans l'expérience spirituelle de l'extase, de la sortie de soi, où l'âme est comme possédée par Dieu. Nous retrouvons ici le vocabulaire platonicien de l'enthousiasme. Et ceci constitue la voie royale (ὁδὸς βασιλική) où l'âme s'avance [1].

Ce qui caractérise cette voie, c'est la substitution de l'action de Dieu à l'effort humain :

« Rentre dans la terre de ton père et je serai avec toi... Cesse de lutter, mais jouis de tes travaux. Or, cela, tu ne peux le faire en restant ici chez Laban, en vivant parmi les choses sensibles. Mais il te faut émigrer dans la terre de ton père, c'est-à-dire du Logos sacré et en quelque mesure père des lutteurs ; cette demeure est la sagesse, domicile excellent des âmes vertueuses. C'est dans cette région que demeure la race des αὐτομαθεῖς qui n'ont plus besoin de la nourriture

(1) Voir J. PASCHER, Βασιλικὴ ὁδός, Paderborn, 1936, p. 113.

lactée des enfants. Car des biens abondants leur sont préparés, causes de repos. Et la source (πηγή) d'où ces biens se répandent, c'est la familiarité (σύνοδος) avec le Dieu qui aime donner (φιλόδωρος). Et c'est pour sceller ses bienfaits qu'il dit : « Je serai avec toi. » Quel bien saurait manquer en effet quand le Dieu tout-puissant est présent, avec les Grâces vierges qui sont ses filles. Alors cessent les méditations, les efforts, les ascèses : tous les biens utiles sont donnés ensemble sans travail, par la providence de la nature... Si l'âme produit quelque chose d'elle-même, c'est la plupart du temps un fruit avorté. Au contraire, tout ce que Dieu répand dans l'âme est excellent et parfait » (*Migr.*, 27-33).

Ce qui est important, ici, c'est qu'il s'agit véritablement de l'entrée dans un monde nouveau. Comme le dit le *Quis rer. div. heres*, « le sage a Dieu pour maître, les autres le sage » (19). Le propre de la sagesse, c'est qu'elle est communiquée par Dieu et par Dieu seul. C'est ce que Philon entend, en appliquant la division classique de la science qui est possédée par ἄσκησις, μάθησις, φύσις. La science possédée par φύσις c'est la sagesse, qui est un don — et non acquise par l'effort. Le sage est αὐτομαθής, αὐτοδίδακτος selon des mots qui reviennent fréquemment, c'est-à-dire instruit directement par Dieu. Est-ce là une disposition innée ? Certains textes le donneraient à supposer : « Le sage, αὐτομαθής, n'a pas besoin d'efforts, mais la sagesse lui est donnée dès sa naissance ; elle coule du ciel et lui communique la sobre ivresse » (*De fug.*, 166). On tendrait alors à voir dans le parfait et le progressant deux races, celle de ceux qui possèdent la science de façon innée et d'autres qui ne l'acquièrent que par le labeur. Cela est bien la position des gnostiques, distinguant les charnels et les spirituels, comme deux races. Pour Philon, l'interprétation paraît devoir être autre. Il s'agit bien d'étapes différentes et le mot d'αὐτομαθής signifie seulement l'origine divine de la sagesse et son caractère immédiat.

C'est ce que nous trouvons dans ce passage du *De Congressu* : « La race inspirée (αὐτομαθής), dont Isaac est censé faire partie, la joie excellente (χαρά) des bonnes dispositions, jouit d'une nature simple et sans mélange ; elle n'a besoin ni d'exercice (ἄσκησις) ni d'enseignement (διδασκαλία). En effet, Dieu répand du haut du ciel le bien αὐτομαθές, αὐτοδίδακτον et il est dès lors impossible de vivre avec les arts esclaves... Celui qui a obtenu la sagesse, qui ne demande aucune peine, par le bonheur de sa nature n'a plus à faire aucun progrès. Il a à sa portée les dons parfaits de Dieu, inspiré par les grâces très antiques. Il n'a plus qu'à souhaiter qu'elles demeurent » (*De congr.* 36-38). Nous remarquons, ici, l'idée que celui qui a trouvé la σοφία n'a plus de progrès à faire, idée qui vient de la tradition stoïcienne. Quant au caractère de grâce de la σοφία il est encore, ici, bien explicite.

C'est l'entrée dans la voie royale, nous dit le *Quod Deus sit immutabilis* :

« Nous sur qui Dieu répand la pluie de ses dons, buvons à la citerne et laissons là les étroites fontaines terrestres. Le ciel répand sur nous une nourriture meilleure que le nectar et l'ambroisie des mythes. Et pourquoi, par manque de foi, chercher des secours humains, quand le Sauveur nous a ouvert le trésor céleste pour notre usage et jouissance... Entrons donc dans la voie royale, nous qui pensons qu'il faut laisser les choses de la terre, dans cette voie royale dont aucun homme n'est maître, mais seulement celui qui est vraiment roi. C'est comme je l'ai dit, la σοφία, par laquelle seule un refuge auprès de l'incréé est offert à ceux qui le demandent. Celui qui fait route par cette voie royale ne se fatiguera pas jusqu'à sa rencontre avec le roi » (*Imm.*, 155-160).

Sous ses formes les plus hautes, cette saisie de l'âme par Dieu l'arrache à elle-même. C'est cette possession, cette κατόχη, dont Philon parle si souvent : « Fuis-toi toi-même et sors de toi, comme un corybanthe possédé par Dieu (κατεχόμενος), mû par son inspiration et saisi par l'enthousiasme prophétique. Etre possédé par Dieu (ἐνθουσιώσης) et hors de soi, sous le souffle de l'Eros céleste qui soulève l'âme vers les hauteurs, c'est cela marcher sur la voie royale, c'est cela être héritier de Dieu » (*Her.*, 69). Pour décrire cet état, Philon dispose de toute une gamme d'images : c'est une folie (μανία), une sobre ivresse (μέθη νηφάλιος), un amour passionné (ἐρώς), autant d'expressions qui signifient l'invasion dans l'âme d'une action divine qui l'arrache à elle-même [1].

D'abord la sobre ivresse. Dans le *De Fuga*, Philon distingue quatre catégories d'âmes. La troisième, c'est l'âme avide de savoir. Elle cherche à scruter le lieu inaccessible, demeure des natures divines. Alors qu'elle est sur le point d'entreprendre ce travail sans fin et stérile, elle est aidée par la miséricorde du Dieu sauveur qui lui dit de son sanctuaire : « Ne t'approche pas. Ce qui veut dire : ne t'avance pas vers une pareille recherche. En effet, les forces humaines n'y suffisent pas » (162). Vient alors la quatrième catégorie :

« C'est lorsque, sans recherche antérieure, la découverte se présente d'elle-même. Appartient à cette catégorie tout sage αὐτομαθής, αὐτοδίδακτος. Ce n'est pas en effet par des examens, des méditations et des efforts qu'il avance. Mais à peine né il trouve la sagesse toute préparée, qui descend en pluie du haut du ciel. Il s'en désaltère sans y mêler d'eau et il demeure ivre de la sobre ivresse [2] qui s'accompagne de la rectitude du jugement » (*Fug.*, 166 ; voir *Ebr.*, 145 ; *Leg. All.*, III, 82).

Le thème de l'érôs apparaît dans le *De Somniis* : « Lorsque l'esprit, saisi par l'amour de Dieu, est tendu vers son sanctuaire, il s'avance avec ardeur, oubliant le reste sous l'action de Dieu et s'oubliant même lui-même. Il ne pense et n'adhère qu'à celui qu'il sert et auquel il s'est voué, auquel il offre

---

(1) Völker conteste l'existence d'une expérience *mystique* chez Philon et entend ces expressions dans un sens littéraire. Mais Thyen a raison d'y voir au contraire le sommet de son idéal (*art. cit.* p. 244).

(2) L'expression se retrouvera dans Grégoire de Nysse (XLVI 990 B ; *Platonisme et théologie mystique*, p. 290 sqq), dans Saint Ambroise (XVI 449 B ; Quasten, Sobria ebrietas in Ambrosii de Sacramentis, *Mel. Mohlberg*, 1948, 1, p. 118 sqq). Voir en particulier l'hymne des laudes du lundi : Lætl bibamus sobriam Ebrieta tem spiritus.

l'encens des vertus parfaites. Lorsqu'il cesse d'être saisi par Dieu et que son désir se relâche, quittant les choses divines, il redevient homme, appliqué aux choses humaines » (*De Somniis*, II, 232-233; cf. I, 164-165). Ici apparaît le caractère transitoire de cette possession divine. C'est une sorte d'extase, où l'âme est enlevée à elle-même, où elle sent que Dieu agit en elle et d'où elle retombe à son état normal. Enfin, nous rencontrons les expressions de folie (μανία) et d'extase (ἔκστασις). C'est ainsi que Philon décrit l'extase dans le *Quis rer. div. her.*, 264-265 :

« Tant que notre esprit luit, répandant dans toute l'âme la lumière de midi, étant en nous, nous ne sommes pas inspirés (οὐ κατεχόμεθα) ; mais quand cette lumière se couche, l'extase (ἔκστασις) divine fond sur nous et la folie (μανία) inspirée (κατοχωτική). Lorsque la lumière divine brille, la lumière humaine descend ; et lorsque celle-ci descend, celle-là se lève. C'est ce qui arrive à la race prophétique. L'esprit (νοῦς) sort en nous, à l'arrivée du πνεῦμα divin. Et quand il s'en va, il remonte à nouveau. Car il n'est pas permis au divin et à l'humain de cohabiter. »

Cela semble bien être chez Philon une expérience personnelle :

« Je ne rougirai pas d'avouer ce qui m'arrive souvent. Parfois, voulant me mettre à écrire à mon habitude sur un sujet de philosophie, trouvant mon esprit sec et stérile, je renonce à mon entreprise, condamnant ma présomption et glorifiant celui qui peut ouvrir et fermer l'esprit. Parfois, au contraire, arrivant vide, je me sens soudain rempli, les pensées pleuvant invisiblement d'en haut, en sorte que je suis saisi par une inspiration divine (κορυβαντιᾶν ὑπὸ κατοχῆς ἐνθέου) et que je ne sais plus où je suis, qui je suis, avec qui je suis, ce que je dis, ce que j'écris. Mais je vois les choses comme si elles étaient présentes devant mes yeux » (*De migr.*, 34-35. Voir aussi *Somn.*, II, 250-254; *Conf.*, 59).

On voit bien ici les éléments qui constituent la doctrine de l'inspiration de Philon. Il y a la conception grecque de l'inspiration poétique, telle que nous la trouvons chez Platon, mais considérée comme une visite divine où l'âme sort d'elle-même, est expulsée, et où le πνεῦμα divin ne substitue à elle. Mais, ici, encore le thème grec ne vient que pour expliciter une idée biblique qui est celle de la prophétie [1]. Philon parle souvent de la race parfaite qui est la race prophétique (*De Gig.*, 63). Ainsi, c'est la doctrine juive de la prophétie qui se trouve exprimée dans le style grec de l'inspiration. Cette théorie présente, en effet, tous les traits de la théorie traditionnelle du judaïsme. La venue de l'Esprit y est non pas un état stable, mais une venue subite, une visite, pendant laquelle l'âme du prophète est saisie par l'Esprit pour accomplir une œuvre divine. Toutefois, l'influence grecque gauchit la pensée biblique. Et cela amènera par la suite deux déviations. D'une part, sur le plan spirituel, on considèrera que la vie mystique, comme possession de l'âme par l'Esprit, la chasse d'elle-même. Par ailleurs, sur le plan théologique, on verra dans l'inspiration scripturaire une dictée de l'Esprit à l'écrivain en état d'extase.

---

(1) H. Thyen dépend de préjugés contestables quand il affirme que l'expérience philonienne de la vision extatique de Dieu est purement hellénistique et étrangère à la foi juive (*art. cit.*, p. 245). C'est en vertu du même préjugé que Völker niait l'existence de cette extase, pour assurer l'authenticité juive de Philon.

# CHAPITRE VII

# PHILON ET LE NOUVEAU TESTAMENT

Nous avons plusieurs fois relevé déjà en parcourant l'œuvre de Philon, des points de contact avec les écrits du Nouveau Testament. Il nous reste en conclusion à rassembler quelques-uns des points essentiels où ces contacts se rencontrent et à en préciser la signification. Il n'est pas question d'une influence du N.T. sur Philon, ni de Philon sur le N.T. Nous verrons que les exemples que l'on propose ne sont pas valables. Mais, par ailleurs, plusieurs des textes essentiels du N.T., les écrits johanniques, les écrits pauliniens, l'*Epître aux Hébreux*, ont été écrits en grec et contiennent des spéculations théologiques dont les ressemblances avec celles de Philon sont frappantes. Cela n'a rien d'étonnant, car nos auteurs ont utilisé, pour les faire servir à la révélation des cadres de la théologie juive. Il y a donc à l'arrière-plan des uns et des autres, un milieu commun que nous retrouvons [1].

# I

## PHILON ET LES ÉCRITS PAULINIENS

Nous noterons d'abord quelques rapprochements de détail. Nous lisons dans *Agr.*, 9 : « Puisque le lait est la nourriture des enfants (νηπίοις) et les galettes celle des adultes (τελείοις) on peut considérer la culture générale comme la nourriture

(1) Bibliographie dans GOODENOUGH, *The politics of Philo Judaeus*, pp. 290-297.

lactée de l'âme quand elle est enfant, et l'enseignement de la vertu comme celle qui convient aux adultes » (Voir *Migr.*, 24; *Sobr.*, 8 etc...). Cela est tout à fait parallèle dans la forme à *I Cor.*, III, 1-3 : « Je vous ai parlé comme à de petits enfants (νηπίοις) dans le Christ. Je vous ai donné du lait à boire, non de la nourriture solide. » La comparaison est encore plus nette dans *Hebr.*, V, 12, où nous avons l'opposition des νήπιοι et des τέλειοι : « Quiconque en est encore au lait n'a pas besoin de la parole de perfection, car c'est encore un enfant » (1).

Une autre opposition, et qui a une valeur plus profonde, est celle de la chair et de l'esprit. Son origine est biblique. Mais Philon marque comme Paul le lien du péché et de la chair : « La plus grande cause de l'ignorance est la chair et la parenté avec la chair (σάρξ) et Moïse lui-même le reconnaît en disant que, parce qu'ils sont chair, ils ne peuvent recevoir l'esprit divin (*Gen.* VI, 3). Les âmes qui sont accablées du fardeau de la chair, alourdies et écrasées ne peuvent regarder en haut vers les cycles célestes, mais violemment attirées vers en bas, elles penchent la tête et rampent sur la terre à la manière des animaux » (*Gig.*, 29). Ainsi, saint Paul : « Lorsque nous étions dans la chair, les passions qui engendrent les péchés agissaient dans nos membres » (*Rom.*, VII, 5). On remarquera, toutefois, que derrière l'analogie du vocabulaire, la pensée de Philon est plus platonicienne et lie davantage le péché au corps et à la matière.

Un trait caractéristique de Paul et de Philon, ce sont les longues énumérations de vertus, de vices, d'épreuves. Ainsi on peut comparer *Sacrif.*, 3 et *Gal.*, V, 20. Plus proche dans le détail est la comparaison des épreuves du juste dans Philon et de celles de l'apôtre dans Paul : « Les amis de la vertu sont presque tous sans honneur (ἄδοξοι), méprisés, abaissés, manquant des choses nécessaires, plus dédaignés que des serviteurs ou même que des esclaves, couverts de boue, pâles, réduits à l'état de squelette, portant la faim sur le visage, malades,

---

(1) Voir B. COLLINS, Nova interpretatio Hebr. V, 11, *Verb. Dom.* 1948, p. 144-151.

apprenant à mourir » (*Det.*, 34). On pense à *II Cor.*, VI, 4, où Paul parle des serviteurs de Dieu qui sont « dans la patience, les nécessités, les veillées, les jeûnes, le mépris, la tristesse, la pauvreté, comme mourant et voici que nous vivons ». Ici encore, sous l'analogie littéraire, la différence apparaît : le type de Philon est l'ascète émacié, celui de Paul l'apôtre qui vit dangereusement.

Plus caractéristiques sont des passages concernant la connaissance de Dieu. Philon parle de connaître Dieu dans un miroir : « C'est comme dans un miroir (κατόπτρου) que l'esprit se représente Dieu créant le monde » (*Dec.*,105). Mais Moïse aspire à dépasser cette connaissance et à connaître face à face : « Ne te montre pas à moi dans le ciel, la terre ou aucune des choses créées, et ne reflète ton image en autre chose qu'en toi, mon Dieu. Car les images créées sont périssables, mais celles qui sont dans l'incréé demeurent éternellement » (*Leg. All.*, III, 101). Or ceci rappelle beaucoup saint Paul : « Maintenant nous voyons dans un miroir, mais alors nous verrons face à face : aujourd'hui je connais en partie, mais alors je connaîtrai comme je suis connu » (*I Cor.*, XIII, 12). Et encore : « Pour nous tous, le visage découvert, réfléchissant comme dans un miroir la gloire du Seigneur, nous sommes transformés en la même image » (*II Cor.*, III, 18). Nous remarquerons que le thème de Moïse sur le Sinaï est à l'arrière-plan des deux passages.

Il est curieux de rapprocher du premier texte de saint Paul ce passage de *De Cher.*, où l'on retrouve une autre expression : « Tant que nous vivons, nous sommes soumis plus que nous ne commandons et nous sommes connus plus que nous ne connaissons. En effet, (notre âme) nous connaît, sans être connue de nous, et nous donne des commandements auxquels nous obéissons nécessairement comme le serviteur à sa maîtresse » (115) [1]. Par ailleurs la critique du paganisme est faite en termes analogues par Paul (*Rom.*, I, 23) et Philon (*Vit. Mos.*, II, 171). Philon dit qu'« ayant abandonné le vrai Dieu, ils ont donné le nom de l'inengendré et de l'incorruptible

---

(1) Voir Jacques Dupont, *Gnosis*, pp. 68-69.

à des choses engendrées ». Et saint Paul : « Ils ont changé la gloire du Dieu incorruptible pour des images représentant l'homme corruptible ».

Un trait remarquable est celui du rapport entre la venue de Dieu et le péché. Philon écrit : « Tant que le divin Logos n'est pas venu dans notre âme comme à son foyer, toutes ses actions sont sans reproche. On pardonne à ceux qui pèchent par ignorance, ne sachant pas ce qu'il faut faire. Mais lorsque le prêtre vient en nous, comme un rayon très pur de lumière, en réel accusateur, alors nous connaissons les desseins coupables enfouis dans nos âmes. Toutes ces choses, le Logos ordonne d'en débarrasser nos âmes, pour qu'elle lui apparaisse comme une demeure pure » (*Imm.*, 134). Nous retrouvons l'idée dans l'*Epître aux Romains* : « Jusqu'à la Loi le péché était dans le monde; or le péché n'est pas impiété lorsqu'il n'y a point de loi » (V, 13). Et elle apparaît dans l'Évangile : « Si je n'étais point venu, ils seraient sans péché » (*Joh.*, XV, 22).

Toutefois, ces différents passages peuvent s'expliquer par des allusions communes soit à l'Ancien Testament, soit à la théologie juive. Il y a, par contre, un passage capital qui paraît bien être une allusion polémique à Philon ou du moins à des spéculations voisines. C'est celui qui concerne les deux Adam [1]. Et il est essentiel, car il nous montre, à propos d'un même thème, l'opposition foncière de Philon et de Paul, là même où les éléments sont voisins. Philon écrit : « Il y a deux espèces d'hommes, l'un est l'homme céleste (οὐράνιος), l'autre le terrestre (γήϊνος). Le céleste, en tant qu'il a été fait à l'image de Dieu, n'a pas part à la réalité corruptible et terrestre; mais le terrestre a été formé de la poussière du sol, qu'on appelle boue » (*Leg. All.*, I, 31). Il faut rapprocher de ce passage celui de *De Op.* : « Il y a une immense différence entre l'homme actuellement modelé et celui qui a été fait auparavant à l'image de Dieu. Le premier est fait d'âme et de corps, homme et femme, mortel; le second est intelli-

(2) Voir A. VITTI, Christus Adam, *Biblica*, VII, pp. 140-144.

gible, incorporel, ni homme ni femme, incorruptible » (134).
Or la *Première aux Corinthiens* présente aussi l'opposition des deux Adam.

« Il est écrit : le premier homme, Adam, a été fait âme vivante, mais le dernier (ἔσχατος) Adam a été fait esprit vivifiant. Mais ce n'est pas ce qui est spirituel qui a été fait d'abord, mais ce qui est animal. Ce qui est spirituel vient ensuite. Le premier homme, tiré de la terre, est terrestre (χοϊκός), le second vient du ciel. Tel est le terrestre, tels seront aussi les terrestres; et tel est le céleste, tels seront aussi les célestes (ἐπουράνιοι) » (XV, 45-49).

Ici, les ressemblances de conceptions sont si évidentes qu'il est certain qu'on se trouve à l'intérieur d'une problématique des deux Adam qui constitue un théologouménon de la pensée de l'époque. Mais on voit aussi l'opposition radicale à l'intérieur de ce théologouménon.

Pour Philon, en effet, l'homme céleste est l'archétype de l'homme, l'idée, préexistant dans le monde intelligible. C'est cette idée qui est la réalité véritable, dont l'homme terrestre, qui vient ensuite, n'est qu'une dégradation corruptible. Or, Paul renverse totalement cette perspective. Pour lui ce qui est premier chronologiquement, c'est le moins parfait, l'homme terrestre. C'est lui qui a été créé par Dieu d'abord. Et l'homme céleste, c'est l'homme eschatologique, celui qui apparaîtra à la fin des temps, le dernier Adam. Ainsi la perspective mythique du retour aux origines se trouve retournée en une perspective historique de l'attente de la parousie. La répétition même, chez Paul, semble bien déceler l'intention polémique. Et c'est bien, en effet, le fond de l'opposition qui apparaît ici. Pour Philon, la réalité souveraine est déjà donnée : c'est la Loi, ou le Logos préexistant. Pour Paul, c'est un avenir : c'est le retour du Christ à la fin des temps pour susciter le monde futur.

## II

### PHILON ET SAINT JEAN

De même que les deux Adam sont le point essentiel de contact entre Philon et saint Paul, de même en est-il du *Logos* pour saint Jean. Toutefois, avant d'aborder ce thème, nous noterons quelques rapprochements de détail. Ils portent surtout sur quelques-unes des catégories spirituelles qui correspondent au parfait selon Philon et que saint Jean utilise pour caractériser l'union au Christ. Nous noterons d'abord l'importance chez Philon de l'habitation du Logos dans l'âme : « Ceux dont la vie de l'âme est digne d'honneur, le Logos divin y demeure et y circule » (*Post.*, 122). « En disant que l'âme invisible est la demeure terrestre du dieu invisible, nous parlerons correctement » (*Cher.*, 101). Or, nous nous rappelons Jean : « Si quelqu'un m'aime, nous viendrons en lui et nous ferons en lui notre demeure » (XIV, 23). C'est l'application à l'âme, dans l'un et l'autre cas, du thème biblique de la demeure divine.

En venant en elle, le Logos remplit l'âme de ses dons : « Dieu lui a donné la paix, le plus grand de tous les dons, qu'aucun homme ne peut acquérir (par lui-même) » (*Vit. Mos.*, I, 304). Et saint Jean : « Je vous donne ma paix, non pas comme le monde la donne, moi je vous la donne » (XIV, 27). De même la joie, χαρά : « Le Logos divin, se manifestant soudain, avant d'accompagner l'âme solitaire, produit en elle une joie inattendue, plus grande que l'espérance » (*Somn.*, I, 71). « Je vous ai dit ces choses, afin que ma propre joie soit en vous et que cette joie soit parfaite » (XV, II). La παρρησία est, dans saint Jean (I *Ep.*, IV, 17), la perfection de l'amour. Philon l'associe à la joie de l'ivresse divine : « L'âme remplie par la grâce est remplie de joie, sourit et danse. Surabondante est l'assurance (παρρησία) de l'âme qui est remplie des grâces de Dieu » (*Ebr.*, 146-149).

Le dernier passage de l'*Épître* de saint Jean unissait la παρρησία à l'ἀγάπη qui triomphe de la crainte : « La perfection de l'amour en nous, c'est que nous ayons une confiance assurée au jour du jugement. Il n'y a point de crainte (φόβος) dans l'amour, mais l'amour parfait bannit la crainte » (IV, 18). Or, l'opposition crainte et amour se retrouve dans Philon : « Je vois que toutes les recommandations visant la piété que porte la Loi concernent ou l'amour ou la crainte de Celui qui est. Pour ceux qui pensent qu'il n'y a ni division, ni passion d'homme dans l'Être, mais qui l'honorent seulement par lui-même, l'amour (ἀγάπη) est ce qui convient le mieux; la crainte convient pour les autres » (*Imm.*, 69). Ainsi l'ἀγάπη apparaît aussi chez Philon comme le propre des parfaits, de ceux aux yeux dessillés desquels tout anthropomorphisme a disparu en Dieu parce qu'ils n'ont plus besoin d'être traités comme des enfants (voir aussi *Migr.*, 169).

Mais le point central de comparaison est la doctrine du Logos. Les ressemblances ici sont frappantes. Elles ne concernent pas seulement Philon, mais aussi la *Sagesse* grecque ou Aristobule. Nous arrivons donc à cette conclusion que le Prologue part de la théologie judéo-hellénistique de la Parole, mais sous sa forme générale et sans les éléments systématiques que nous avons vu être ceux de Philon. Donnons des exemples. Philon appelle le Logos principe (ἀρχή) : « Si quelqu'un n'est pas encore digne d'être appelé fils de Dieu, qu'il se hâte de se transformer en se conformant à son Logos premier-né (πρωτόγονος), le plus ancien des anges. Il est appelé en effet principe (ἀρχή), nom de Dieu, Logos, homme à l'image et voyant Dieu, Israël... Le Logos très ancien est l'image (εἰκών) de Dieu » (*Conf.* 146-147). Il est sûr que le langage est ici proche de saint Jean, pour qui le Logos est ἐν ἀρχῇ. Le mot πρεσβύτατος implique la même idée. Mais la *Sagesse* déjà avait dit : « Le Seigneur m'a créé comme commencement (ἀρχή) de ses voies. Avant le monde, il m'a établi dans le commencement (ἐν ἀρχῇ) » (*Prov.*, VIII, 22). On remarquera le πρωτόγονος qui rappelle le πρωτότοκος (*Rom.*, VIII, 29) et l'εἰκών qui reparaîtra dans *Col.*, I, 15 : « Il est l'image du Dieu invisible, le premier-né de toute créature, parce qu'en lui tout a été fait, les choses visibles et les choses invisibles. »

Comme chez saint Jean, le Logos philonien est près de Dieu :
« Le divin Logos qui est au-dessus de ces choses (les puissances) n'est pas venu dans une forme visible, n'ayant rien de commun avec ce qui est sensible, mais étant lui-même image de Dieu, le plus ancien de tous les intelligibles, le plus proche de l'unique, n'étant séparé de lui par aucun espace » (*Fug.*, 101). Mais cela se retrouve dans *Prov.*, VIII, 27 ou *Sap.* IX, 4. C'est par le Logos que Dieu a tout fait : « La cause du monde est Dieu, par qui il a été fait (ὑφ' οὗ), son instrument (ὄργανον) est le Logos, par qui (δι' οὗ) il a été aménagé » (*Cher.*, 127, Voir *Leg. All.*, I, 21; *Migr.*, 6). Nous lisons dans *Imm.* que Dieu se sert, comme messager de ses grâces, de son Logos, « par lequel aussi il a fait le monde » (57). L'expression se retrouve dans *Hebr.* : « Dieu dans les derniers temps nous a parlé dans son fils, par lequel aussi il a fait le monde » (I, 1). Mais cela est la doctrine des sapientiaux : « C'est par le Logos du Seigneur que ses œuvres ont été faites » (*Eccl.*, XLII, 15. Voir *Sap.*, XVIII, 14).

De cet ensemble de rapprochements, on peut conclure ceci. A leur base, il y a d'abord le texte des LXX et, en particulier, le récit de la création où se trouve l'expression ἐν ἀρχῇ, la création par la parole de Dieu. Ces données bibliques avaient été élaborées dans la théologie biblique qui est le fond commun de la *Sagesse* grecque, de Philon, de saint Jean. Et en tant que Philon est un représentant éminent de cette théologie commune, on peut regarder son enseignement comme la théologie biblique à partir de quoi la théologie de saint Jean s'est édifiée, sans que d'ailleurs il y ait eu dépendance littérale. Enfin en troisième lieu, Philon représente une systématisation de cette théologie commune de structure platonicienne. Cela est totalement étranger à saint Jean. Nous pouvons le remarquer sur un point précis. Pour Philon, le Logos « n'est pas venu dans une forme sensible, car il n'a rien de commun avec la matière »[1]. Or, saint Jean dit au contraire : « Il est venu chez les siens... et le Logos s'est fait chair. »

---

(1) Voir *Imm.*, 32 « Dieu a dit au Logos de demeurer près de Lui ».

Quelques traits du Prologue peuvent être encore objet de comparaison. Le Logos est source de lumière pour l'un et l'autre : « Dieu est lumière », dit Philon. « On chante, en effet, dans les Psaumes : Le Seigneur est ma lumière et mon salut; et non seulement il est lumière, mais archétype de toute lumière, ou mieux plus ancien et plus élevé que tout archétype. Car l'archétype était son Logos en qui réside la plénitude et qui est lumière. Car il est écrit : Dieu dit : Que la lumière soit » (*Somm.*, I, 75). Nous remarquerons, à côté de l'idée de lumière, celle de plénitude qui se retrouve dans le Prologue : « Plein de grâce et de vérité ». L'idée de devenir « fils de Dieu », par conformité au Logos nous est apparue dans *De conf.*, 146. De même la théorie de « l'habitation du Logos » en nous. Mais nous remarquerons que pour Philon nous sommes en présence de plans successifs d'existence et non d'une irruption du Dieu unique dans le monde de sa création. Et, par ailleurs, le lieu de cette demeure est seulement « l'âme parfaitement purifiée » (*Sobr.*, 62-69).

La conclusion du prologue nous offre enfin deux rapprochements intéressants. Le premier concerne l'expression : « C'est de sa plénitude que nous avons tous reçu et grâce pour grâce » (I, 16). L'expression se retrouve dans Philon : « Après les premières grâces, avant que ceux qui les ont reçues aient pu, les ayant épuisées, s'attribuer quelque chose, Dieu en procure d'autres aussitôt pour (ἀντί) les premières, et d'autres encore après les secondes et toujours de nouvelles à la place des anciennes » (*Post.*, 145)[1]. C'est là un texte capital pour la spiritualité de Philon. Elle est un progrès perpétuel dans la vie de la grâce, en sorte que l'âme reste toujours dans une relation de dépendance par rapport à Dieu. C'est l'idée que Grégoire de Nysse reprendra à Philon. L'expression est littéralement très proche de saint Jean. Certains auteurs interprètent celui-ci dans le même sens que Philon. Mais le sens est certainement très différent. Il s'agit de la succession des deux

---

(1) Voir aussi *Her.*, 21. « Grâce pour grâce, grâce nouvelle contre grâce ancienne ».

alliances [1]. Comme pour l'inhabitation, nous sommes donc ramenés à la perspective historique : c'est le Temple christique qui succède au Temple mosaïque. Et cela vaut aussi pour l'expression : « La grâce et la vérité sont venus avec J.-C. » Vérité (ἀλήθεια), pour Philon, désigne la certitude du monde intelligible, par opposition à l'incertitude des opinions humaines (*Leg. All.*, I, 32; *Spec. Leg.*, I, 89; *Præm.*, 46). Pour Jean, au contraire, c'est la réalité opposée à la figure. Cela nous permet de comprendre le culte « en esprit et en vérité » (IV, 23), non au sens philonien du culte purement intérieur (*Det.*, 21), mais au sens chrétien de la nouvelle création. Ainsi, le « vrai pain du ciel » (VI, 32). Ainsi le Christ est « la vérité » (XIV, 6). Nous retrouvons ici, avec les deux grâces, une opposition très parallèle aux deux hommes pauliniens.

Enfin, le dernier verset du Prologue nous apporte un dernier terme de comparaison. Nous y trouvons l'opposition du Dieu invisible et du Logos révélateur. Le premier thème est très cher à Philon et nous avons dit qu'il était le grand docteur de la théologie négative : « Dieu n'a montré à personne sa nature mais il l'a faite invisible à toute notre race » (*Leg. All.*, III, 206. Voir *Decal.*, 120; *Abrah.*, 75; *Praem.*, 44). Ceci, d'ailleurs se trouve auparavant dans le judaïsme hellénistique : « Qui l'a vu et pourrait en parler? » (*Eccli.*, XLIII 31). Mais ce qui est plus remarquable, c'est que chez Philon, au Père invisible s'oppose le Logos révélateur : « Le Seigneur apparu à Abraham, ne doit pas être interprété de la manifestation de la cause de l'univers. Quel esprit humain, en effet, a la capacité de contenir la représentation de sa grandeur [2]. Ainsi, il ne dit pas que l'être est apparu, mais le Seigneur, qui est dès le commencement (ἐξ ἀρχῆς), mais n'est pas connu de l'âme, qui est lente à apprendre, sinon totalement ignorante. C'est lui qui est l'interprète (ὑπορήτης) de Dieu » (*Mut.*, 15-18. Voir *Imm.*, 138).

Cela nous fait rencontrer un nouveau point de l'opposition

(1) Voir D. FRANGIPANE, Et Gratiam pro gratia, *Verbum Dom.*, 1948, pp. 1-17.

de Jean et de Philon, celui qui concerne proprement le fond de la doctrine du Logos. Pour Philon, l'opposition du Dieu inconnaissable et du Logos connaissable se ramène à l'opposition de l'incréé et du créé. Dieu reste entièrement inconnaissable. Ainsi le rôle révélateur du Logos ne supprime pas la radicale incogniscibilité divine. Mais pour saint Jean il en est autrement. Le Fils est Dieu au sens propre du mot : « Deus erat Verbum. » Donc, en Lui, c'est vraiment l'être divin qui se révèle à nous. Si cette révélation est appropriée au Fils, c'est en vertu des relations des personnes qui se produisent dans l'économie de la révélation et où l'on doit aller au Père par le Fils. Mais en réalité, c'est une même nature divine qui est possédée par le Père et par le Fils et donc le Christ peut dire à Philippe qui lui demande de lui montrer le Père : « Celui qui m'a vu a vu le Père » (*Joh.*, XIV, 9).

Les Pères de l'Église marqueront sur ce point un moment d'incertitude, avec Justin, pour qui le Père est par nature inconnaissable et le Fils connaissable. Mais Irénée redressera la perspective. Pour lui, le Fils et le Père sont également inaccesibles aux forces humaines et également accessibles « quand Dieu, parce qu'il le veut, se fait voir aux hommes » (*Adv. haer.*, IV, 20,5). Palamas reviendra à la thèse philonienne, mais en distinguant la question du Logos et celle des puissances, au lieu d'opposer le Père et le Logos. Pour lui, c'est la Trinité tout entière, Père, Fils, Esprit, qui est inaccessible, comme l'οὐσία divine. Et ce qui est connu, ce sont les δυνάμεις, qui sont Dieu même (et non un monde créé ou les attributs divins connus par le monde), mais subsistant sous un mode participable. Il faut dire que ceci évacue le paradoxe de la Révélation johannique, où c'est précisément le Dieu par nature inaccessible qui devient accessible par une décision de son amour.

★

## III

### L'ÉPITRE AUX HÉBREUX ET PHILON

Saint Paul et saint Jean nous ont montré les liens du N.T. avec la théologie du judaïsme hellénistique en un sens très général. Avec l'*Epître aux Hébreux*, sans qu'il soit question d'une dépendance directe à l'égard de Philon, nous sommes plus directement dans le milieu du judaïsme proprement alexandrin. Et, ici, outre les ressemblances théologiques communes, ce sont certains traits structurels plus systématiques qui apparaissent comme communs. La question est abordée dans tous les commentaires de l'*Épître aux Hébreux*. Le P. Bonsirven, dans la collection « Verbum Salutis », traite la question dans son introduction et donne en cours de route les principaux rapprochements. Tandis que le P. Spicq admet « que l'auteur de l'Épître n'a pas ignoré les œuvres de Philon » (*Rev. Bibl.*, 1938, p. 73), lui estime qu'ils ont en commun des spéculations allégoriques sur le Tabernacle qui appartenaient au judaïsme alexandrin [1].

La comparaison porte essentiellement sur deux éléments. Le premier est à nouveau le Logos. Il semble, en effet, que la christologie de l'*Épître aux Hébreux*, à la différence de celle de saint Paul, porte des traces d'une élaboration philosophique de la conception biblique de la Parole. Le début de l'*Épître* présente un ensemble de notions appliquées au Logos qui ont toutes leur correspondant chez Philon : « Dieu nous a parlé par son Fils, qu'il a établi héritier (κληρονόμος) de toutes choses et par lequel aussi il a fait le monde. Celui-ci est le rayonnement (ἀπαύγασμα) de sa gloire, l'empreinte (χαρακτήρ) de sa substance et soutient (φέρων) toutes choses par la parole de sa puissance » (I, 2-3). Le thème de l'héritage est cher à Philon et appliqué par lui au monde (*V.M.*, I, 145). L'expres-

---

[1] Voir Spicq, Le philonisme de l'Épître aux Hébreux, *Rev. Bibl.*, oct. 1949, p. 542 et suiv. ; avril 1950, p. 218 et suiv.

sion « par lequel il a fait le monde » est philonienne (*Sacr.*, 8 ; *Spec. leg.*, I, 81). Le rayonnement est dans Philon : « Le divin Logos est le sceau de la nature bienheureuse, un fragment et un rayonnement de sa substance » (*Op.*, 146). Enfin le mot empreinte (χαρακτήρ) est appliqué au Logos (*Det.*, 83 ; *Plant.*, 18 ; *Fug.*, 12). L'expression « soutenir les choses » est également philonienne (*Her.*, 36).

Mais il faut remarquer que, dans ces expressions, plusieurs se trouvent déjà dans la *Sagesse* grecque : ainsi l'ἀπαύγασμα (*Sap.*, VII, 25). Cela rentre donc dans la théologie biblique hellénistique. Reste que le rôle cosmologique du Logos et dans la création et dans la conservation du monde est particulièrement marqué. Il peut y avoir ici une part d'influence stoïcienne, car cet aspect est l'aspect proprement stoïcien du Logos. Cela apparaît encore davantage dans un passage ultérieur où l'*Épître* parle de la parole de Dieu efficace, plus acérée (τομώτερος) qu'une épée, à deux tranchants, si pénétrante qu'elle va jusqu'à séparer (μερισμός) l'âme et l'esprit et à démêler (διακριτικός) les sentiments et les pensées des cœurs » (IV, 12). Le contexte ici semble bien présenter des traces de stoïcisme. Le λόγος τομεύς est une expression stoïcienne (PLUTARQUE, *Mor.*, 695 B). On la retrouve chez Philon : « Dieu divise les natures des corps et de toutes les réalités qui semblent homogènes par son Logos qui sépare (τομεῖ) toutes choses et ne cesse de séparer par le tranchant effilé de sa lame » (*Her.*, 130). Par là, s'explique aussi la comparaison de « l'épée de feu » au Logos (*Cher.*, 28). Et ce que sépare le Logos, c'est « l'âme en rationnelle et irrationnelle, la parole en vérité et mensonge » (*Her.*, 132). Nous sommes donc dans une perspective voisine.

Le second trait de ressemblance entre Philon et l'*Épître aux Hébreux* est la conception du culte visible comme ombre du culte invisible. Nous avons, ici, toute une spéculation sur l'opposition du culte terrestre et du culte céleste qui se rattache à l'allégorisme alexandrin et qui est particulièrement frappante chez Philon. L'*Épître* écrit : « Nous avons un grand prêtre comme ministre du sanctuaire et du vrai tabernacle.

S'il était sur la terre, il ne serait pas même prêtre, puisqu'il s'y trouve des prêtres chargés d'offrir des oblations selon la Loi, lesquels célèbrent un culte qui n'est qu'une ombre (σκία) et une image (εἰκών) des choses célestes » (*Hebr.*, VIII, 1-5). Or, cela rappelle tout à fait Philon : « Beleséel a fait les imitations, Moïse construit les modèles. Ainsi l'un a dessiné des ombres (σκία), l'autre a construit non des ombres, mais des réalités archétypes » (*Somm.*, I, 206. ; *Plant.*, 27 ; *Leg. All.*, III, 96). Ici, l'opposition est bien la même, celle du visible et celle de l'invisible. Et ce qui est opposé, c'est le culte intérieur et le culte extérieur (*Hébr.*, X, 16) plus que le culte ancien et le culte nouveau.

De même que le grand prêtre chez Philon est figure du Logos, de même le grand prêtre est figure du Christ pour l'*Épître*. Ainsi chez Philon : « Nous disons que le grand prêtre n'est pas un homme, mais le Logos divin » (*Fug.*, 108). Et ailleurs : « La Loi veut que le grand prêtre participe à une nature meilleure que la nature humaine, s'approchant plus près de la nature divine, à la frontière, s'il faut dire la vérité de l'une et de l'autre, afin que par un intermédiaire les hommes rendent à Dieu un culte et que Dieu communique ses grâces aux hommes par un ministre » (*Spec. Leg.*, I, 116).

Cela ne supprime aucunement le sacerdoce visible, nous l'avons vu. Or il en est de même dans l'*Épître* où il est question, à côté du sacerdoce lévitique, « du grand prêtre excellent qui a pénétré les cieux » (IV, 14) et qui est « médiateur d'une meilleure alliance » (VIII, 6). Un point de contact particulièrement notable est l'impeccabilité du grand prêtre céleste : « Le véritable grand prêtre n'a pas de part au péché », dit Philon (*Spec. Leg.*, I, 230). De même, le grand prêtre de l'*Épître* est « saint, innocent (ἀμίαντος), sans tache, séparé des pécheurs » (VII, 26).

A côté des spéculations sur le grand prêtre lévitique, les deux auteurs en présentent sur Melchisédech, qui reposent certainement sur des bases communes : « Dieu a fait Melchisédech roi de Paix, écrit Philon — Salem en effet s'interprète ainsi — et son prêtre. Il est appelé roi juste... Il est le droit

Logos » (*Leg. All.*, III, 79-80). Or, toutes ces expressions se retrouvent dans l'*Épître* (VII, 1-2). L'expression « sans mère » ne se trouve pas dans Philon à propos de Melchisédech, mais elle est fréquente chez lui (*Ebr.*, 61). Surtout l'*Épître* écrit qu'« il est devenu semblable au Fils de Dieu et demeure prêtre pour toujours » (VII, 3). Son sacerdoce est ainsi opposé au sacerdoce lévitique et figure le sacerdoce du Christ. Il est évident que le texte de Philon plonge dans des spéculations analogues à celles de l'*Épître aux Hébreux* et qui se retrouveront par la suite. Saint Ambroise verra dans Melchisédech une épiphanie du Logos (*P.L.*, XVI, 438 B).

Tout cela nous montre à l'évidence des relations de vocabulaire précises entre les deux textes. On pourrait en ajouter d'autres. La question du serment de Dieu est traitée de façon très analogue (*Leg. All.*, III, 203 ; *Hebr.*, VI, 13). Des mots philosophiques, comme μετριοπαθεῖν, très philoniens, apparaissent dans l'*Épître* (V, 2). Cela prouve un contexte culturel commun et non seulement théologique. Mais là s'arrête l'analogie. Car il est clair par ailleurs que l'*Épître* bouleverse les perspectives philoniennes pour les faire rentrer dans la perspective chrétienne. Melchisédech n'est pas le Logos, mais figure du Christ. Le culte véritable n'est pas seulement culte terrestre opposé à culte céleste, mais alliance nouvelle qui succède à l'alliance ancienne (IX, 15). Dans un contexte culturel certainement très voisin, qui est celui du judaïsme alexandrin, nous avons deux théologies très différentes.

★

L'ensemble de ces rapprochements nous permet de porter un jugement sur les rapports de Philon et du N.T. Toute dépendance directe paraît peu vraisemblable. Mais l'intérêt considérable de Philon, c'est qu'il nous fait connaître le judaïsme hellénistique dans lequel non pas la vie du Christ, dont les apocalypses nous font connaître davantage le cadre, mais les écrits du Nouveau Testament se situent. Par suite, les ressemblances de vocabulaire, de conceptions, d'images, sont considérables. Elles valent avant tout du judaïsme hellénistique commun, non des parties plus systématiques que ne concernent guère que l'*Épître aux Hébreux*. Par la suite, Philon influencera directement certains Pères de l'Église, Clément dépendra de son exégèse. Origène lui empruntera certaines conceptions théologiques. Grégoire de Nysse reprendra deux de ses grandes thèses mystiques, celle de la ténèbre divine et celle du progrès perpétuel. Mais cela relève d'une autre étude.

# BIBLIOGRAPHIE

## 1. — Éditions

*Œuvres complètes*, conservées en grec, édition critique par L. Cohn et P. Wendland, avec un Index de J. Leisegang, 8 vol., Berlin, 1896-1930.

*Œuvres complètes*, conservées en grec, éditées par les mêmes, sans apparat critique ni index, Berlin, 1896-1915.

*Œuvres complètes*, texte grec et traduction anglaise, par F.-H. Colson; traduction anglaise des *Questions sur la Genèse et l'Exode* conservées en arménien, par R. Marcus, 12 vol., Londres, 1928-1952.

*De providentia* et *De animalibus*, conservés en arménien, trad. latine de J.-B. Aucher, Leipzig, 1822; réédités à Venise, 1830.

## 2. — Traductions françaises

*Contre Flaccus* et *Légation à Caïus*, trad. française, par F. Delaunay, Paris, 1870.

*Commentaire allégorique des saintes lois*, texte grec et trad. française par L. Bréhier, Paris 1909.

*La migration d'Abraham*, texte grec et trad. française, par R. Cadiou, Paris, Sources chrétiennes, 1957.

# TABLES DES MATIÈRES

| | |
|---|---|
| Avant-Propos. | 7 |
| Chapitre Premier. — La vie de Philon | 11 |
| Chapitre II. — Philon et son temps | 41 |
|    1. Philon et les Esséniens | 42 |
|    2. Les philosophes d'Alexandrie | 57 |
|    3. L'idéologie impériale. | 75 |
| Chapitre III. — La Bible à Alexandrie | 85 |
|    1. L'œuvre exégétique de Philon | 85 |
|    2. La Bible de Philon : les LXX | 95 |
|    3. Philon et les courants exégétiques de son temps | 102 |
| Chapitre IV. — L'Exégèse de Philon | 119 |
|    1. L'exégèse littérale | 119 |
|    2. L'exégèse allégorique | 129 |
| Chapitre V. — La théologie de Philon | 143 |
|    1. L'incompréhensibilité de Dieu | 143 |
|    2. Les puissances | 149 |
|    3. Le Logos | 153 |
|    4. Les Anges | 163 |
|    5. Le Kosmos | 168 |
|    6. L'homme | 172 |
|    7. La grâce | 175 |

| | | |
|---|---|---|
| Chapitre VI. | — La spiritualité de Philon . . . . | 183 |
| Chapitre VII. | — Philon et le Nouveau Testament . . | 199 |
| | 1. Les écrits pauliniens . . . . . . . . | 199 |
| | 2. Saint Jean . . . . . . . . . . . . | 204 |
| | 3. L'*Épître aux Hébreux* . . . . . . . | 210 |

www.ingramcontent.com/pod-product-compliance
Lightning Source LLC
Chambersburg PA
CBHW060605230426
43670CB00011B/1974